事业单位职能转型与人力资源适配策略

潘红　宋瑞卿　李玲　主编

H.P.H 哈尔滨出版社
HARBIN PUBLISHING HOUSE

图书在版编目（CIP）数据

事业单位职能转型与人力资源适配策略 / 潘红，宋瑞卿，李玲主编 . -- 哈尔滨 ： 哈尔滨出版社， 2025. 4.
ISBN 978-7-5484-8485-1

Ⅰ . D630.3

中国国家版本馆 CIP 数据核字第 20250EF134 号

书　　名：事业单位职能转型与人力资源适配策略
SHIYE DANWEI ZHINENG ZHUANXING YU RENLI ZIYUAN SHIPEI CELÜE

作　　者：潘　红　宋瑞卿　李　玲　主编
责任编辑：李　欣
封面设计：研杰星空

出版发行：哈尔滨出版社（Harbin Publishing House）
社　　址：哈尔滨市香坊区泰山路82-9号　　邮编：150090
经　　销：全国新华书店
印　　刷：北京鑫益晖印刷有限公司
网　　址：www.hrbcbs.com
E-mail：hrbcbs@yeah.net
编辑版权热线：（0451）87900271　87900272
销售热线：（0451）87900202　87900203

开　　本：787mm × 1092mm　1/16　印张：12.25　字数：206千字
版　　次：2025年4月第1版
印　　次：2025年4月第1次印刷
书　　号：ISBN 978-7-5484-8485-1
定　　价：58.00元

凡购本社图书发现印装错误，请与本社印制部联系调换。
服务热线：（0451）87900279

前　言

随着社会的快速发展和科技的进步，传统的事业单位职能面临挑战。特别是在全球化与信息化的背景下，事业单位的职能定位和发展方式正在经历深刻的变革。为了适应新时代的发展需求，事业单位必须进行职能转型，以实现提高公共服务能力、增强组织竞争力，并有效应对新问题和挑战的目标。职能转型不仅是对组织架构的调整与优化，更是对人力资源管理体系的重塑。因此，如何在职能转型的过程中实现人力资源的适配，是当前事业单位面临的重要课题。

事业单位必须进行职能转型的原因是多方面的。首先，国家政策的推动和社会需求的变化是主要驱动力。在我国，政府对公共服务的要求日益提高，事业单位不仅要提供高质量的服务，还要具备更强的创新能力和适应能力。与此同时，信息技术的迅猛发展促使事业单位必须在数字化转型中寻求新的发展模式，进一步提高服务质量和管理效率。社会的多元化发展和人民群众对个性化、定制化服务的需求也使传统的事业单位职能逐渐暴露出局限性，必须进行相应的转型。

从理论角度来看，职能转型不仅是事业单位适应外部环境变化的需要，也是其内部管理优化的内在要求。现代管理学理论指出，组织需要在内外部环境不断变化的背景下，通过调整和优化自身的职能配置，提升运营和资源利用效率。与此同时，职能转型的成功离不开人力资源管理的有力支持。人力资源作为组织中最重要的生产要素之一，直接影响着组织目标的实现。合理的职能转型不仅要求对事业单位传统职能进行重塑，更需要通过精准的人力资源适配策略来推动这一过程。

事业单位职能转型与人力资源管理的紧密关系不可忽视。人力资源管理不仅指员工的招聘、培训与绩效考核，更涉及员工的职业发展、激励机制、组织文化等深层次的问题。在职能转型的过程中，如何通过优化人力资源管理，调动员工的积极性与创造力，确保人力资源的配置与转型目标高度契合，成为一个至关重要的问题。人力资源的适配不仅要从制度层面进行改革，还要从文化、激励机制、绩效考核等方面入手，确保每一位员工在职能转型的过程中都能发挥最大效能。

本书从事业单位职能转型的背景与理论基础出发，深入探讨人力资源在这一过程中扮演的角色，提出一系列切实可行的人力资源适配策略。书中重点讨论如何通过优化人力资源管理，提升事业单位职能转型的效率与效果，进而为事业单位的持续发展和公共服务质量的提升提供有力支持。

本书的撰写目标是为相关领域的研究人员、政策制定者及事业单位管理者提供理论框架与实践指导，帮助他们在复杂的职能转型过程中，充分认识到人力资源管理的重要性，进而在实际工作中运用有效的策略，确保事业单位在新时代背景下实现职能转型与人力资源协调发展。

本书由日照市医疗保险事业中心潘红、宋瑞卿、李玲共同完成。其中第一主编潘红负责第一章、第五章、第七章，约 7.2 万字；第二主编宋瑞卿负责第二章、第四章、第六章，约 7.7 万字；李玲负责第三章、第八章，约 5 万字。

目　录

第一章　事业单位职能转型的背景与理论基础

随着社会和经济的不断发展，事业单位在推动公共服务和社会保障方面扮演着越来越重要的角色。尤其是在现代化、信息化的背景下，传统的事业单位职能逐渐暴露出与社会需求、政策变动之间的不匹配，其职能和运作模式亟待创新与转型。事业单位职能转型不仅是适应社会发展变化的需要，也是提升行政效能、服务质量和社会效益的必然选择。随着政府职能的下放与改革，事业单位逐步承担起更多的公共服务职能，其内部的职能布局和运作模式需要进行深刻的调整与优化。理论上，职能转型不仅涉及制度创新、结构优化等方面，还需结合现代管理理论进行科学指导。对职能转型的理论框架进行深入剖析能够帮助我们更好地理解转型的动因和实现路径，为事业单位的实践改革提供理论依据。

第一节 事业单位的职能

一、事业单位的职能概述

事业单位作为一种特殊的组织形式，具有鲜明的公共服务属性和非营利性特征。事业单位通常由国家或地方政府设立，并接受政府的指导和管理，承担着特定的社会职能。事业单位的职能是其存在的核心，它不仅是组织活动的目的和方向，还体现了其在社会体系中的作用和功能。理解事业单位的职能，首先要从其非营利性和公共服务的基本属性出发，结合具体领域的实际需求，进一步探讨其在国家社会资源配置中的独特作用和地位。

事业单位的职能并不局限于某一具体任务的执行，而是更广泛地涉及社会资源的调配与公共需求的满足。在公共服务领域，事业单位承担的责任是多维的、复杂的，且具有较强的社会责任感。事业单位往往是政府公共服务政策的实施者，肩负着教育、医疗、科研、文化、社会保障等诸多领域的工作职责，直接影响到社会成员的生活质量与社会福利的公平性。例如，在教育领域，事业单位通过各类学校和教育机构，提供普及性的教育服务，满足社会对人才培养的需求；在医疗领域，事业单位通过公立医院、医疗中心等，提供公共卫生服务，保障人民的健康；在文化领域，事业单位承担着文化遗产保护、公共文化服务等职责，促进社会文化的传承与发展。

从社会资源配置的角度来看，事业单位的职能体现了政府在市场经济条件下对社会公共资源的调节作用。市场机制往往无法全面解决社会公共需求，尤其是那些具有外部性或公共性的服务领域，市场本身的供给可能不足或不均衡，事业单位则通过提供必要的公共产品和服务，填补市场机制的空白，保障了社会公共福利的普遍性和公平性。事业单位的职能不仅是直接提供公共服务，而且直接调节和优化资源配置，促进社会整体福祉的提升。通过合理配置人力、财力和物力等资源，事业单位能够确保公共服务的公平性与普及性，有效实现社会整体利益的最大化。

在功能上，事业单位不仅要完成政府委托的任务，还要确保其承担的服务具有高质量和高效率。服务质量是事业单位职能实现的一个重要标准，其不仅体现在服务的覆盖面和数量上，更重要的是服务质量的高标准和科学性。例如，在医疗事业单位中，医疗服务的质量直接关系到人民群众的生命安全与健康，而在教育事业单位中，教育服务的质量则决定了下一代的成长与社会未来的人才供给。因此，事业单位不仅要从形式上提供公共服务，更要注重服务内容的专业化与高效性，以确保服务的可持续性和社会效益。

事业单位的职能还表现在它对社会的影响和作用上。在社会变革和经济发展的过程中，事业单位的职能不断发生着变化与调整，以适应新的社会需求和时代要求。随着现代化进程的推进，事业单位在公共服务中的作用日益突出，特别是在社会治理体系的建设过程中，事业单位的服务功能也逐步向综合性、精准性发展。随着国家对健康中国战略的推进，公共医疗事业单位不仅承担传统的疾病治疗任务，还要参与公共卫生政策的制定和实施过程，形成全社会共同参与的健康保障体系。随着信息技术的迅速发展，教育事业单位在传统的教学功能基础上，加入了信息化教育和远程教育等新兴职能，扩大了教育服务的覆盖范围，提高了教育的普及性与公平性。

从制度建设的角度看，事业单位的职能还涉及其内部管理与运营机制的不断优化。在现代社会中，事业单位不仅是纯粹的行政部门或服务提供者，它在履行公共职能时，还要具备科学的运营管理机制，确保资源的高效利用和服务质量的持续提升。因此，事业单位的职能要通过制度化、规范化的管理来保障，尤其是在财务管理、人才管理和绩效评估等方面的科学管理，能够有效提升其服务效能，并确保公共资源的合理使用。

事业单位的职能具有很强的社会性和公共性，其根本目标是服务全体社会成员，而非追求经济效益的最大化。虽然许多事业单位在其具体领域内获得一定的财政补贴或资金支持，但这并不改变其非营利性和公共性的本质。在市场经济和全球化背景下，事业单位的职能面临着更加复杂的社会需求和管理挑战，需要不断创新和调整，以适应时代发展的需要。因此，事业单位在履行其职能时，既要保持与政府政策的紧密契合，又要在实际操作中找到新的服务方式和模式，以提高其社会效益与服务质量。

事业单位的职能具有广泛的社会影响力和复杂性，它不仅是政府委托任务的执行者，更是社会资源配置和公共服务的重要保障者。随着社会的不断发展，事业单位的职能不仅在传统领域得到进一步深化和拓展，还在应对新的社会需求和问题时发挥着越来越重要的作用。事业单位在发挥职能时，需要不断优化其管理模式、创新服务内容，以确保公共服务的公平性、高效性与可持续性，从而更好地服务于社会整体利益，推动社会的全面进步与发展。

二、事业单位职能的组成

事业单位是国家或地方政府设置并承担公共服务职能的重要社会组织，其职能的复杂性与多样性体现在不同的社会需求与政策环境中。具体而言，事业单位的职能可以从多个维度进行探讨，主要包括行政职能、业务职能和服务职能。这些职能在事业单位的组织运作中各自发挥着独特作用，并相互交织与协同，确保事业单位实现其既定目标，并在一定程度上满足公共利益的需要。

（一）行政职能

行政职能是事业单位最为基础且具有高度组织性的职能之一。其核心任务是对内部资源的管理和调配、对外部事务的协调及对上级指示的执行。这一职能的发挥通常涉及组织架构的设立与优化、人员的调度与管理、资金与设备的分配等方面。行政职能不仅要求事业单位在日常运作中保持极高的执行力，还要求其具备一定的战略眼光和统筹能力，以适应国家政策的变化和社会需求的多样性。此外，行政职能在政府机构的监管与监督作用下，起到确保事业单位依法依规运营的重要作用。事业单位通过行政职能的有效运行，能够确保自身运营的规范性和制度化，避免资源的浪费和管理的松散。

（二）业务职能

业务职能则聚焦于事业单位的核心任务和专业能力，是事业单位存在的根本原因之一。事业单位的业务职能通常与其所从事的专业领域密切相关，比如教育、科研、文化、卫生、环境保护等。对于事业单位而言，业务职能是其日常运营的核心，它不仅直接影响事业单位的社会效益，还关系到其提供服务的质量与水平。例如，医疗事业单位的业务职能主要体现在提供诊疗服务和开展医学研究，而文化事业单位的业务职能则可能包括组织文化活动、传播文化知识等。业务职能的有效发挥，要求事业单位具备相应的专业知识、技术手段及创新能力。随着社会需求的不断变化和技术的发展，事业单位的业务职能也需要不断创新与适应，特别是在专业化和高效化的要求下，业务职能往往成为事业单位竞争力和影响力的直接体现。

（三）服务职能

与行政职能和业务职能相比，服务职能指向事业单位面向社会公众提供的各类服务。在当今社会，服务职能不局限于传统的政府公共服务，它涵盖了广泛的社会需求。例如，教育事业单位的服务职能表现在为学生提供全面的教育服务、为社会提供培训与传播知识等；医疗卫生事业单位则通过提供健康检查、疾病治疗及预防服务，直接影响社会公众的健康水平。服务职能要求事业单位具有高度的服务意识，能够以公众为中心，确保服务的可及性、普及性与质量，尤其是在当前信息化和智能化时代，服务职能的内涵更加丰富，服务形式也趋于多样化。事业单位在履行服务职能时，除了需要注重服务的基本质量外，还需要考虑如何通过创新方式提升服务的效率和满意度，增强社会公众的获得感与幸福感。

综合来看，事业单位的职能虽然可以划分为行政职能、业务职能和服务职能，但在实践中，它们并非孤立存在，而是相互交织、相辅相成的。行政职能为业务职能和服务职能提供了组织保障和运作框架，确保事业单位在制度化、规范化的环境中顺利开展各项工作。业务职能则是事业单位能否实现其社会责任和目标的基础，技术能力和工作效率直接决定了事业单位的服务质量和社会贡献。服务职能最终体现了事业单位的社会价值，它通过提供各类服务，满足社会需求，促进社会的和谐与发展。每一项职能都对事业单位的整体效能和社会产生深远的影响，事业单位的持续发展和创新，也正是在这些职能的不断优化与协同中得以实现。

随着国家和社会的发展，事业单位面临的外部环境日益复杂，职能的划分与内涵也在不断发生变化。特别是随着公共管理理念的更新，事业单位职能的转换和重塑也在逐步推进，传统的职能设置逐渐向现代化、专业化和服务化转型。要顺应这一变化，事业单位不仅要在行政管理上更加精细化和智能化，还要在业务执行上更加高效和创新，同时，还要增强服务职能的针对性与多样性，推动事业单位在新时代的社会发展中充分发挥作用。因此，事业单位职能的演变不仅是内外部环境变化的结果，更是社会进步与公共需求变化的反映。通过深化职能分析，事业单位可以更好地厘清各项任务之间的关系，提升各项职能的协调性与执行力，在新时代的社会治理和公共服务中发挥更为重要的作用。

第二节　事业单位职能转型的理论框架

一、职能转型的重要构成

职能转型是事业单位在不断变化的社会经济环境中实现自我调整与发展的必然要求。事业单位，作为公共服务的提供者，面临着日益复杂的社会需求与制度变革，如何通过职能转型实现有效的资源配置、提升服务效能，成为其持续发展中的核心议题。在这一过程中，职能转型的理论框架发挥着指导性作用，其核心在于通过结构调整、流程重塑及功能优化等方式，事业单位能够有效适应外部环境的变化，并在组织内部构建与现代社会发展需求相适应的职能结构。

职能转型是事业单位工作形式上的调整，它深刻影响事业单位的运作方式。传统的事业单位职能模式，往往具有较强的行政色彩，侧重于任务的执行与服务的提供，忽视了对社会需求变化的敏感度和响应速度。随着社会的快速发展，尤其是信息化、市场化和社会化的推进，事业单位的职能需要从以行政管理为主的职能体系，转向更加注重服务创新、管理效率和公众需求的职能模式。因此，职能转型的一个关键任务是通过对传统职能的重新审视和调整，建立适应新时代要求的新型职能结构。

在这个过程中，职能调整是职能转型的基础。职能调整要求事业单位通过对其服务内容、管理方式和工作流程的深入分析，确定哪些职能需要保留，哪些职能需要优化，哪些职能可以剥离或转移给其他组织。职能调整的目标不仅是消除冗余职能、优化资源配置，更重要的是通过对核心职能的聚焦，提升事业单位的运营效率与服务质量。尤其是在信息技术迅速发展的背景下，传统的职能模式面临着前所未有的挑战，事业单位需要通过职能调整，融入更多的科技元素与现代管理理念，从而更好地适应新的发展需求。

结构优化是职能转型中的另一个关键方面。事业单位的组织结构往往会随着职能的变化而作出相应的调整。传统的事业单位通常呈现出较为僵化的结构，职能划分较为明确，但在效率和灵活性方面可能存在不足。在职能转型的过程中，组织结构优化能够通过扁平化管理、跨部门协作、流程重塑等方式，打破原有的职能壁垒，提升组织的响应速度与决策效率。优化后的结构不仅能够减少信息传递中的障碍，还能够更好地促进团队间的合作与创新，从而增强事业单位对外部环境变化的适应能力和应变能力。结构优化不仅是内部架构的调整，更是对组织文化和管理方式的深刻革新，要求事业单位在转型过程中不断强化领导力、增强员工的参与感与归属感，提升整个组织的凝聚力与执行力。

流程重塑是职能转型中不可忽视的一部分，它要求事业单位在重新审视各项职能的基础上，重新设计工作流程，优化资源配置和工作效率。通过流程重塑，事业单位能够去除冗余环节，减少资源浪费，提高工作效率。例如，在服务领域，传统的职能模式可能存在着信息孤岛和处理延误的问题，而通过流程重塑，能够有效缩短服务响应时间，提升服务质量。流程重塑不仅关注操作层面的优化，还强调数据流和信息流的通畅，通过引入信息化手段，能够大大提升事业单位运作的效率与透明度。在这一过程中，流程重塑需要结合现代管理工具与信息技术，打破传统职能分隔与信息流通不畅的问题，实现跨部门、跨领域的信息共享与协同工作，从而最大限度地提升组织的综合效能。

职能转型的核心是要将事业单位的资源配置和职能分配与社会经济发展需求相匹配。随着社会经济的快速发展，事业单位面临的社会需求日益多元化，如何在这一变革中实现职能的及时调整与优化，成为事业单位转型的核心任务。职能转型的一个重要目标是提高服务效率，尤其是在现代化建设、科技创新和社会民生等方面，事业单位需要通过调整职能，适应这些新兴领域的需求。因此，职能转型不仅提高了事业单位内部的工作效率，而且通过外部环境与内部职能的深度对接，实现了对社会需求的精准响应。

职能转型的实现离不开一系列外部环境的推动因素。社会经济的变化、技术创新的进步、公共政策的调整及社会大众对公共服务的需求变化，都对事业单位的职能转型产生了深刻影响。事业单位需要敏锐地捕捉这些外部信号，将外部变化内化为自身发展的动力。在这一过程中，政府的政策导向、社会的需求变化，以及科技的进步，都会影响职能转型的深度和广度。因此，事业单位在进行职能转型时，需要密切关注外部环境的变化，积极应对社会经济、科技创新和政策调整等带来的挑战和机遇。

职能转型的最终目标是提升事业单位的综合竞争力和可持续发展能力。在全球化、信息化程度日益加深的背景下，事业单位不仅要满足当前社会需求，还要有前瞻性地预测未来的发展趋势，并进行适应性调整。通过职能转型，事业单位能够更好地实现其社会责任，提升公众服务的质量与效率，并在复杂多变的环境中保持竞争力。这不仅是事业单位适应时代发展的必然选择，而且是其实现长远发展和持续创新的关键路径。

职能转型是事业单位应对社会经济变化和现代化要求的战略性举措。通过职能调整、结构优化和流程重塑，事业单位能够在资源配置、管理效率和服务质量等方面实现优化升级，进而提高其整体运营效能。职能转型不仅是对传统职能模式的颠覆，更是事业单位适应新时代发展需求、提升公共服务能力的必要手段。

二、职能转型的推动因素

事业单位职能转型是指在外部环境和内部管理因素共同作用下，事业单位为了适应社会发展和满足公共服务需求所进行的职能调整和组织变革。这一过程并非单纯应对外部变化，而是在复杂的社会、经济和技术环境中，事业单位不断优化和重构内部职能，以实现更高效的资源配置和更优质的服务输出。职能转型的推动因素可以从外部环境与内部管理两大层面进行系统分析。

（一）外部环境

政策变化是推动事业单位职能调整的核心因素之一。随着国家政策的不断变化，事业单位的职能也会随之发生调整。例如，随着政府对社会服务功能的重视程度提高，原本以行政职能为主的事业单位开始承担更多的社会服务责任。在这一过程中，政策导向为事业单位职能转型提供了制度支持和行动指引。与此同时，社会需求的变化也是职能转型的重要外部推动力。随着社会的进步和公民需求的多样化，公众对事业单位提供的服务种类、服务质量和服务效率提出了更高要求。这种需求的多样性和复杂性要求事业单位不仅提供传统的公共服务，还需要在多个领域进行职能扩展和创新。与此同时，技术进步的推动也不可忽视。信息技术的迅猛发展，特别是互联网、大数据、人工智能等新兴技术的广泛应用，促使事业单位在数字化转型过程中进行职能重塑。这些技术不仅提升了事业单位的工作效率，也改变了其服务方式和管理模式，使原有的职能框架和工作流程面临挑战。因此，事业单位职能转型往往伴随着技术应用的不断深入。

（二）管理层决策

事业单位的职能转型需要依赖领导层的战略眼光和决策力。在许多情况下，事业单位的领导层必须具备前瞻性，能够识别并应对外部环境的变化，进而通过科学的决策调整组织结构和职能配置。例如，在面对政府政策调整或社会需求变化时，管理层需要及时作出决策，以推动组织结构的优化或职能的重新定义。此外，人员结构的调整也是职能转型的关键因素。事业单位的职能重组往往伴随着人员的优化配置，包括岗位设置、人才引进及原有员工的技能提升。随着职能的转型，部分岗位可能会被重新定义或取消，而新的岗位则会根据新的职能需求设置。人员结构的优化不仅要求领导层具备识别和引进高素质人才的能力，还要求管理层具备较强的人力资源管理能力，以确保人力资源的合理配置和高效运作。

（三）文化变革

随着职能的调整和组织结构的变革，事业单位的文化氛围和工作理念也需要发生相应的变化。在许多传统的事业单位中，管理模式和工作流程往往具有一定的惯性，员工的工作方式和价值观也可能较为固守。职能转型要求事业单位在文化上进行革新，推动员工理念的转变，使其能够适应新的职能要求和工作方式。例如，随着政府对社会服务功能的重视，事业单位需要转变过去以“行政”为主的工作理念，转向更加以“服务”为导向的工作模式。这一转变不仅涉及组织架构的变化，还要求员工的思想和行为方式进行同步调整。文化变革的实现，通常需要依靠管理层的示范作用和全员的共同参与，才能在组织中形成合力，推动职能转型的顺利进行。

（四）资源配置

随着职能的转型，事业单位需要根据新的职能需求合理配置财力、物力和人力资源。例如，在公共服务职能转型的过程中，事业单位可能需要加大对相关领域的资金投入，如教育、卫生等社会服务领域。这种资源的重新配置需要管理层在预算编制、资金分配、项目管理等方面进行精准把控，以确保职能转型的顺利实施。同时，随着职能转型的推进，事业单位的绩效评估体系和考核标准也需要随之调整。职能转型的最终目标是实现社会效益和公共服务水平的提升，因此，事业单位在进行职能转型时，不仅要关注组织内部的资源配置，还要通过科学的评估机制来衡量转型效果，确保职能调整达到预期目标。

事业单位职能转型的推动因素是多方面的，外部环境因素和内部管理因素交织作用，共同推动了事业单位职能的优化和变革。在这一过程中，政策变化、社会需求、技术进步等外部因素为职能转型提供了外部动力，而管理层决策、人员结构调整和文化变革则为转型提供了内部保障。通过对职能转型的全面理解，可以帮助事业单位更好地应对复杂的社会需求变化，提升其服务效率和管理水平，实现组织的可持续发展。在这一过程中，事业单位不仅要借助外部环境的变化来推动自身的职能调整，还需从内部管理的优化出发，确保各项资源和人员的合理配置，实现职能转型的顺利推进。

第三节　事业单位职能转型的驱动力

一、政策变革的驱动作用

随着国家发展战略的不断推进，事业单位在社会治理体系中的职能转型已成为重要议题之一。近年来，国家的政策变革和地方政府的改革决策深刻地影响着事业单位的职能定位，促使其在原有框架内进行调整和优化，以满足新时代的发展需求。尤其是在国家提出创新驱动发展战略、深化行政体制改革、推动公共服务供给侧结构性改革的背景下，事业单位的角色和职能已经远远超出了传统的服务性和管理性职能，向着更加多元化、灵活化和市场化的方向发展。这种转型不仅是对事业单位现有职能的调整，更是其整体发展理念、管理方式及运营机制的一次深刻变革。

（一）政府改革决策的引导

国家通过出台一系列宏观政策和法规，指导和规范事业单位的行为和运作，推动其职能的逐步转型。这些政策不仅涉及事业单位的财务管理、组织结构、人员配备等方面，还涵盖了其职能的内涵和外延，明确了事业单位在经济社会发展中的定位。例如，国家在“十四五”规划中强调了“提高社会治理效能”的目标，要求事业单位承担更多的社会管理职能，并在服务过程中注重效率与公平的平衡，推进公共资源的合理配置和有效利用。在这一过程中，事业单位的职能逐步从单纯的行政管理向服务导向、公益导向转型，更多地体现出对社会效益的追求。

（二）地方政府的政策变动

在地方经济社会发展过程中，政府对事业单位的政策支持常常具有较强的地方特色，地方政府根据实际情况制定的改革方案或调整措施直接影响事业单位的职能边界。例如，一些地方政府在推动“放管服”改革时，要求事业单位不仅提供传统的公共服务，还要更多地承担市场化功能，如社会资源的配置和管理、基层服务的直接参与等。地方政府政策的灵活性和针对性，使事业单位在职能转型过程中更加贴近地方经济社会发展的实际需求，体现政策的精细化和适配性。此外，随着法律法规体系的逐步完善，事业单位在职能转型的过程中必须遵循新的法律规定。这些法律法规既对事业单位的行政权力进行了界定，也对其服务对象和服务内容提出了新的要求。例如，公共服务领域的法律法规要求事业单位在履行职能时，必须注重公平、公正、公开，保障群众的知情权、参与权、表达权和监督权，而这些法律要求促使事业单位在职能转型时不仅要注重服务的质量和效率，还要加强与群众的互动和沟通，提升群众的满意度和获得感。在法律法规的框架下，事业单位的职能转型不仅是一种外部压力的体现，更是对其内部管理和运行机制的一次深刻审视，要求其提高自身的法治化水平和服务能力。

（三）事业单位绩效管理机制的改革

随着政府对公共服务质量的要求不断提高，事业单位逐渐从过去的任务完成型管理模式转向绩效导向的管理模式。绩效管理要求事业单位在履行职能时，能够量化其服务效果，并通过绩效评估不断提升服务质量和工作效率。国家政策通过设立考核指标、激励机制及奖惩措施，在推动事业单位职能转型的同时，也强化了对职能实现效果的追踪和评估。这种以绩效为核心的管理模式，使事业单位在服务过程中更加注重服务效果和社会效益，要求其不断优化服务流程，提高管理效率，增强社会治理能力。

国家政策和地方政府政策变化不仅影响事业单位职能转型的方向，也直接影响其职能调整的速度和方式。政策的引导作用为事业单位职能转型提供了明确的方向和动力，但政策实施的具体路径和措施则需要事业单位根据自身的实际情况进行灵活调整和应对。这就要求事业单位在适应政策变革的过程中，既不脱离实际，又不满足于现状，通过不断创新和改革，实现职能的优化和提升。在这一过程中，事业单位不仅要提升服务水平和管理能力，还要注重与社会发展的同步和协调，以更加适应社会治理的需要。

政策变革在事业单位职能转型中的驱动作用是全方位的、深刻的。通过政策的引导、法规的完善及改革的推进，事业单位不仅需要适应新的职能要求，更要通过创新和改革提升自身的综合治理能力和服务能力。这一过程要求事业单位不仅关注外部政策的变化，还要注重内部管理机制的调整和优化，更好地履行其在社会治理体系中的责任与义务，推动国家和社会的可持续发展。

二、市场环境的变化

市场环境的变化在当代社会经济发展中起着至关重要的作用，尤其对于事业单位的职能转型而言，具有深远的影响。在传统模式下，事业单位往往以服务性和行政性职能为主，承担着大量的公共职能。随着社会主义市场经济的逐步深入，市场化程度的不断提升，社会经济结构发生了深刻的变革，事业单位面临的外部环境日益复杂和多变，市场环境的变化也迫使事业单位重新审视自身的职能定位及服务方式。

在过去，事业单位的运作往往由政府或主管部门规划和监管，依赖较为单一的行政性指导，服务对象主要集中在基本的社会需求上。随着市场化改革的推进，特别是在全球化和信息化背景下，市场的需求愈加多样化、个性化和专业化，这一变化无疑对事业单位的职能结构带来了巨大的挑战。社会服务的需求不再局限于传统意义上的教育、卫生、文化等领域，而是呈现出更加细分和专业化的趋势，公众对服务的要求也日益提升，尤其是对服务质量、效率和个性化的要求。

这种需求的变化使事业单位不得不在提供公共服务的方式上进行深刻反思。传统的单一服务模式已不再满足社会的多元化需求。市场经济的发展，尤其是信息技术的迅猛进步，使社会公众的需求更具有实时性和精准性。在这种背景下，事业单位需要通过职能转型来提高其在市场环境中的适应性和服务能力。以往仅仅依靠行政命令和政府拨款的方式，已不能高效地解决日益复杂的社会问题。事业单位必须将更多的精力投入提高服务质量、改进管理模式、优化资源配置等方面。

随着社会的不断发展和公众需求的变化，事业单位逐渐转向更加专业化和市场化的运营模式。为了更好地适应社会需求的变化，事业单位不仅需要通过创新来提升服务质量和效率，还要注重建立健全的市场化机制。这种市场化机制的建立，不仅是在管理模式上的转型，更是服务内容、服务对象和服务方式的全面调整。事业单位逐步从单一的行政职能向服务性职能转型，逐渐承担起更具社会责任感和服务意识的角色。此外，市场环境的变化还促使事业单位在职能转型过程中更加注重灵活性和高效性。在过去，事业单位的管理和运作模式较为僵化，受传统的行政体制和计划经济的影响，资源配置效率较低，而在现代市场经济环境下，事业单位的职能不仅要适应政策导向的变化，还要面对市场竞争的压力。因此，事业单位需要加强内部机制的优化和流程的重塑，提升自身的管理水平和执行力。与此同时，信息技术的广泛应用使事业单位能够更好地获取市场信息，进行大数据分析，在决策上更加科学和精准。

在市场环境变化的驱动下，事业单位还需要在职能转型过程中增强市场导向意识，逐步培养和提高服务的市场化水平。过去，事业单位主要依赖政府的支持和资金保障，职能的运作更多地依赖政策的规定和行政命令，而在现代市场环境中，事业单位的资金来源和运营模式更加多元化，尤其是地方政府和社会资本的参与，使事业单位不得不在职能转型中引入更多市场化元素。这不仅要求事业单位具备更加灵活的应变能力，还需要在项目管理、预算编制、资金使用等方面进行深度改革，以提高其在市场中的竞争力和创新能力。

事业单位职能的转型和调整，还表现为对社会需求变化的及时反应和主动适应。现代社会的公共需求呈现出多样化、个性化的发展趋势。公众不再满足于单一的基础服务，而是对服务的质量、速度、个性化提出了更高的要求。在这种背景下，事业单位必须不断提升其服务能力，并通过职能调整来满足日益复杂的社会需求。这一转型要求事业单位不仅要提高服务的精准性和及时性，还要注重服务的质量管理，确保公众在合适的时间和地点得到最能满足其需求的服务。为了实现这一目标，事业单位必须提高对市场的敏感度，及时发现和响应社会需求的变化，并通过职能转型不断优化自身的服务结构。

市场环境的变化还促进了事业单位和社会力量的合作与互动。在传统模式下，事业单位的职能往往是单一的、封闭的，而市场化转型使事业单位开始积极寻求与社会各界的合作，包括与企业、民间组织、志愿服务团体等多方力量的合作。通过这些合作，事业单位能够获得更多的资源支持和服务能力，同时也能够增强其在社会中的影响力和服务效率。这种跨界合作不仅推动了事业单位职能的转型，也为其提供了更加灵活和高效的运营模式，极大提升了事业单位在社会服务中的地位和作用。

市场环境的变化深刻影响了事业单位的职能转型。随着社会需求的多样化和个性化，事业单位在服务内容、服务方式和运营机制上不断进行调整和创新。这一转型不仅要求事业单位在服务质量、效率和精准性上提升，还要求其在管理机制、资金运营和社会互动等方面进行全方位的改革。通过不断适应市场环境的变化，事业单位不仅能够更好地履行社会责任，也能够在激烈的社会竞争中保持其独特的服务优势和发展潜力。

三、内部管理需求

随着社会发展步伐的加快与管理要求的不断提升，事业单位面临着更加复杂的内部管理需求。这些需求不仅体现于日常管理工作中，还反映在事业单位内部结构的调整、职能的转型，以及对效率提升和资源合理配置的迫切需求之中。在当前的管理环境下，事业单位必须适应外部环境的变化，同时提升自身管理能力，特别是在应对日益繁重的任务和协调复杂结构方面，内部管理的优化显得尤为重要。

事业单位的职能转型并非一蹴而就的过程，而是一个持续演变的系统工程。职能转型在很大程度上是为了应对事业单位内外部环境的不断变化，通过调整职能布局来适应新的社会需求。事业单位的职能并非固定不变，而是随着时代的发展和需求的变化，逐步向更加精细化、专业化的方向发展。职能转型的核心目标是优化现有管理结构，提升管理效率，减少资源浪费，并促进事业单位各项工作有序开展。特别是在许多传统事业单位中，内部管理模式常常存在层级多、职能交叉、权责不明等问题，这些问题使事业单位的工作效率低下、资源配置不合理，甚至导致了部分职能的重复与冗余。

为了应对这些挑战，事业单位必须加强内部管理的系统性思维，围绕职能的精简与优化展开改革，特别是在一些核心管理领域如人力资源管理和绩效考核等方面。在人力资源管理方面，事业单位面临着人力资源使用效率不高、员工发展机会不均等问题。因此，优化人员配置、明确岗位职责、优化人才引进与培养机制，成为推动事业单位内部管理改革的重点之一。人力资源管理的有效性直接关系到事业单位的整体运作与业务发展。如何通过科学的招聘、选拔与培训体系，提高人力资源的使用效率，如何通过合理的人员配置，提升员工的专业能力与工作积极性，都是当前事业单位管理者必须面对的问题。

与此同时，绩效考核作为事业单位管理的另一个重要领域，其核心目标是通过科学的考核制度激励员工，促进事业单位的工作效率与业务成果的提升。在传统的绩效管理体系中，许多事业单位还存在考核标准不明确、评估方式不科学的问题。这些问题往往导致员工缺乏明确的工作目标，激励机制无法有效发挥作用，甚至有时会导致部门之间的推诿与合作困难。面对这些问题，事业单位需要通过构建科学的绩效评估体系，将个体的工作绩效与事业单位的整体目标紧密联系起来。通过定量化、具体化的考核指标，强化员工的责任意识，提升其工作的主动性与创新性，推动事业单位整体工作质量与效益不断提升。随着事业单位职能的转型与优化，内部管理结构的调整也愈加成为关键环节。管理结构的合理性与科学性直接影响到事业单位的决策效率与执行力。在很多事业单位中，层级较多的管理结构常常使决策过程冗长，执行力度不足。尤其在大型事业单位，管理层次较深，信息的传递与反馈常常存在时滞，这就需要通过减少管理层级、扁平化组织结构的调整，缩短决策链条，提高决策效率。在这种结构优化过程中，领导力与管理者的专业素养显得尤为重要。事业单位的管理者需要具备战略眼光与较强的执行力，在面对复杂的管理任务时，能够作出快速而有效的决策，并将决策落实到实际操作中，确保各项管理任务顺利进行。

同时，事业单位内部管理的需求不仅限于人力资源与绩效考核领域。财务管理、信息化建设、内控体系等也是目前事业单位亟须改进的领域。财务管理的规范化、透明化对事业单位的可持续发展至关重要。面对财政资金有限的现状，如何通过有效的财务管理体系合理配置资源、保障资金的安全与使用效率，成为管理中的核心问题。与此同时，信息化建设在提升事业单位工作效率、加强信息流通、保障决策及时性与准确性等方面发挥着越来越重要的作用。随着数字化转型的不断推进，事业单位要通过加强信息化建设，提升对数据的收集、分析与应用能力，促进内部管理的信息化、智能化。

随着事业单位面临的外部环境变化与内部管理需求的日益复杂化，职能转型成为提升管理效能与资源配置合理性的重要手段。在这一过程中，人力资源管理、绩效考核、财务管理、信息化建设等各个方面都需要进行系统性的优化和改进。通过合理的职能调整、结构优化、流程重塑，事业单位能够更好地应对外部挑战，提升内部管理水平，最终实现提升事业单位效率、服务社会的目标。在这一转型过程中，管理者的专业素养与决策能力，以及员工的协作精神与创新意识，都是推动事业单位高效发展的关键因素。

第二章　事业单位职能转型的关键路径

事业单位职能转型是一个系统性、复杂性的工程，涉及政策、组织、技术、流程等多个方面。在职能转型的过程中，如何找到切实可行的关键路径，是成功转型的关键。政策导向和战略定位为事业单位职能转型提供了明确的方向，政府的宏观调控与政策支持起到了推动作用。组织结构的调整与优化是实现职能转型的基础，合理的组织结构有助于资源的高效配置和信息流的顺畅。业务流程的重塑与创新则在提升工作效率、简化管理程序方面起着至关重要的作用，而在数字化时代，技术的支持成为推动职能转型的重要力量，信息化的手段不仅可以提升业务的透明度和管理的精确度，也有助于提高公共服务的智能化水平。

第一节　政策导向与战略定位

一、政策环境的变化对事业单位职能转型的影响

近年来，事业单位的职能转型在国家政策环境的推动下显得尤为重要，政策的变化为事业单位改革指引了方向，并为其职能调整提供了理论与实践依据。随着政府对公共服务供给侧结构性改革的不断推进，事业单位的职能转型正日益成为优化公共资源配置和提高公共服务质量的重要手段。国家政策不仅为事业单位的职能定位提供了框架，还对其在各类改革进程中的运作模式和发展方向产生了深刻影响。在这一背景下，事业单位需要充分理解并融入政策变革的要求，积极推动自身的职能转型。

当前，国家改革政策的一个重要方面是推动事业单位在公共服务领域的功能性转变，尤其是在深化行政体制改革、优化资源配置和提高效率方面提出的具体要求。这些政策要求事业单位不仅要拓展服务职能，还要提升服务质量，强调从传统的管理职能向更具服务性质的职能转型。为了适应这种变革，事业单位必须深入了解国家政策的核心内容和实施路径，结合自身实际，制定具体的转型策略。这不仅是对政策的响应，更是提高其公共服务效能和为社会作出贡献的必由之路。

一方面，国家在推动公共服务供给侧结构性改革时，强调了服务的多样化与精细化，这要求事业单位必须根据社会需求的变化不断优化职能设置。在新的政策导向下，传统的单一管理型职能已经不再能够满足现代社会日益多元化的需求。随着社会各层面的需求日趋复杂化，政府对公共服务的要求逐步提高，事业单位的职能也必须随之调整。在此过程中，事业单位不仅需要扩展服务领域，还需根据社会的发展趋势和民众的实际需求，提升服务的覆盖面与深度。另一方面，政策对事业单位改革的深远影响体现在职能整合和优化上。政府改革的一个重要目标是推动事业单位从传统的“管制型”向“服务型”转型，这要求事业单位必须打破原有的职能壁垒，推动职能的多元化和一体化。这种转型并不是简单的职能

调整，而是对现有体制和机制的全面优化。事业单位需要根据政策要求，全面梳理和优化其职责，避免重复建设和职能重叠，实现职能的最大化配置和资源的高效利用。在这一过程中，政策的变化起到了引领作用，明确了事业单位改革的方向与重点，帮助事业单位准确定位自己的职能和角色。

政策环境的变化对事业单位职能转型的影响不仅体现在职能的优化和调整上，还表现在管理体制的创新和资源配置的优化方面。随着国家对事业单位改革的不断深化，政策对事业单位在管理体制、人才配置、绩效评估等方面提出了更高要求。这些要求促使事业单位在职能转型的同时，必须加强内部管理，提升治理能力，确保职能转型顺利进行。在这一过程中，事业单位要积极适应新的管理模式，推动制度创新，提高决策效率和服务能力。这不仅需要对现有政策进行深刻理解，更需要对政策实施过程中可能遇到的问题进行预判，以确保改革的顺利推进。与此同时，国家对事业单位改革的政策要求使事业单位在职能转型的过程中逐渐向社会化、市场化和专业化的方向发展。在传统体制下，事业单位往往承担着较为传统的职能，而随着改革的深入推进，事业单位需要在保持公共服务性质的同时，更好地适应市场环境和社会需求。这一转型过程中，事业单位要依托政策支持，创新服务模式，引入竞争机制，不断提升自身的服务能力和管理水平。在这一背景下，政策不仅为事业单位提供了改革的框架和方向，还为其提供了充足的改革动力和资源保障。

政策的变化要求事业单位在职能转型的过程中提升对外部环境的敏感度，密切关注政策变化，及时调整内部战略和工作重点。在此过程中，事业单位要提高适应政策变化的能力，不仅要在政策执行过程中紧跟步伐，还要在政策导向发生变化时迅速调整自身的职能设置和业务流程。这不仅是事业单位顺应政策变化的要求，也是提高其自身工作效率和服务水平的必然选择。

政策环境的变化对事业单位职能转型的影响是全方位、多层次的。事业单位在职能转型的过程中，必须紧密结合政策导向，适应新的社会需求和发展趋势，推动职能的优化和调整。国家政策为事业单位的职能转型提供了坚实的理论和实践基础，并通过各项改革措施促进其转型工作的顺利进行。事业单位只有在政策的引领下，主动进行职能调整，提升服务质量和治理能力，才能真正实现职能转型的目标，从而更好地为社会提供高效、优质的公共服务，推动国家公共事业的长远发展。

二、战略定位的明确及与职能目标的对接

在现代社会的快速发展过程中，事业单位在国家和社会发展中的作用日益凸显。随着经济全球化和国内经济转型的加速，事业单位面临着前所未有的挑战和机遇。如何在这一新形势下充分发挥其职能作用，成为推动社会发展和国家目标实现的重要力量，已经成为各级事业单位管理者亟须解决的核心问题。明确事业单位的战略定位与其职能目标的对接，是实现这一目标的前提和基础。

战略定位的明确，是事业单位有效发展的关键。事业单位并非单纯的行政机构，而是承担着国家和社会赋予的各类公共职能。这些职能的合理配置与落实，不仅关系到事业单位自身的效率与效能，还直接影响国家战略目标的实现。因此，事业单位必须根据国家的战略需求，结合自身的特色和优势，准确定位其在经济社会发展中的角色与功能。

随着社会公共服务需求的多样化，事业单位需要将自己的发展重点放在提升社会福利与民生保障上，或者将自身资源集中于科技创新、教育培训等领域，加快国家转型发展。与此相应的是，事业单位的职能目标必须与国家战略紧密对接。在国家实施创新驱动发展战略、全面深化改革等方针政策的背景下，事业单位应当根据国家战略的整体布局和要求，对自己的职能目标进行科学设计与合理调整。通过这种方式，事业单位不仅能保证其日常运作的高效性和专业性，还能确保其承担的职能与国家的发展目标同步推进。在推动社会公共服务的过程中，事业单位需要根据国家关于社会保障、教育、医疗等领域的政策方向，优化资源配置，提升服务的质量和效能。在此过程中，事业单位不仅要确保政策目标的精准落地，还要创新服务形式，提高服务覆盖面和服务水平，在促进社会和谐与稳定中发挥积极作用。

为了确保战略定位与职能目标的对接，事业单位还需要完善内部管理体系，加强资源的有效配置和运用。明确的战略定位往往需要事业单位在资源配置、人员安排和工作流程上作出相应调整，以确保各项工作的顺利开展。资源的合理配

置和优化利用，不仅能够提高事业单位的运营效率，还能为国家战略目标的实现提供强有力的支持。在这一过程中，事业单位需要结合实际，深入分析资源的使用状况和效果，制定高效的资源配置方案。无论是在人力资源的配置上，还是在财务资源的分配上，事业单位都要确保每一项资源发挥最大效能，从而提高组织的整体效率和社会效益。职能目标的制定和实施也应注重与社会需求的匹配。随着社会的不断发展，人民群众的需求也在发生深刻变化，尤其是在经济、文化和社会公共服务等领域。事业单位的职能目标应当根据这些变化作出及时调整，以确保其始终服务于社会发展的实际需要。这不仅要求事业单位具备敏锐的战略眼光，还需要其具备强大的适应能力，能够在快速变化的社会环境中灵活应对，确保职能目标与社会需求的高度契合。事业单位在推动社会公共服务的过程中，必须密切关注社会热点问题，及时了解人民群众的诉求，依托强大的信息收集和反馈机制，做好政策的制定与调整工作。

实现战略定位与职能目标的有效对接，还离不开事业单位自身文化建设的支撑。文化的力量在于能够帮助事业单位形成统一的价值观和行为准则，使全体成员在战略目标的引领下，朝着共同的方向努力。事业单位的文化建设不仅需要强化全员的使命感和责任感，还要注重提升员工的专业素养和创新能力。通过强化文化引导，事业单位能够激发全体员工的积极性，促使其在工作中充分发挥创造力和工作热情，提高整体工作效能。文化的引领作用，不仅能够在日常工作中推动战略目标的落实，还能够帮助事业单位在面临外部环境变化时，保持稳步推进的动力。

在实际操作中，事业单位还应加强评估与反馈机制的建设。通过科学的评估体系，及时了解职能目标实施的效果，并根据实际情况进行调整和改进。这不仅能够帮助事业单位及时发现问题并进行纠正，还能为其长远发展提供科学依据。在战略目标实施的过程中，事业单位应该不断对其职能目标的达成情况进行评估，确保战略目标和职能目标的对接工作持久有效地进行下去。

事业单位在明确战略定位与职能目标对接的过程中，还需密切关注外部环境的变化，包括社会经济形势、政策法规及市场需求等。随着国家战略的不断调整与社会环境的快速变化，事业单位需要灵活应对，不断明确自身的战略定位和职能目标，以确保其始终在国家发展的框架内发挥应有作用。

事业单位的战略定位与职能目标对接，是推动其发展的关键所在。只有通过科学、合理的战略规划，结合国家发展大局，事业单位才能在快速变化的社会中，稳定而高效地发挥其职能作用。通过明确战略定位，精准对接国家战略，事业单位不仅能够提升自身效能，也能为推动社会公共服务的高质量发展，提升国家的综合竞争力作出积极贡献。

第二节　组织结构的调整与优化

一、组织结构与职能匹配的必要性

在当今社会，事业单位的职能转型已成为提升其服务能力和工作效率的重要手段。职能转型的成功与否，往往取决于其背后组织结构的适配性。传统的组织结构往往是为固定的职能和流程设计的，其运作方式和管理模式可能无法满足新形势下的需求。事业单位的职能不断变化，如何实现组织结构与职能的匹配，成为推动转型的关键所在。

组织结构与职能的匹配，是事业单位改革和发展的必要条件。随着社会需求的不断变化，事业单位的服务对象、服务内容和服务方式发生了深刻的变化。特别是在信息化、智能化、精细化等因素的推动下，职能的拓展和深化常常伴随着新型服务和管理模式的涌现。这些变化使传统的职能划分和操作模式不再满足现有的工作要求，影响了事业单位整体运作的效率和效果。因此，事业单位必须调整组织结构，使其更符合职能转型后的工作需求，促进资源的合理配置，提升组织的响应速度和创新能力。

通过优化组织结构，事业单位可以更好地适应职能转型带来的各种变化。传统组织结构中常见的层级管理模式与职能划分，往往导致部门之间沟通不畅、资源共享困难等问题，影响工作效率提升和业务发展，而职能转型后的组织结构优化，能够通过精简冗余环节、扁平化管理、明确职能边界等方式，缩短决策链条、简化流程，提高各部门之间的协调性。这样，不仅能够有效避免信息流通不畅的问题，还能确保各项业务和职能的无缝对接，使事业单位在新形势下能够更加灵活高效地运转。

更重要的是，职能转型往往要求事业单位在新领域开展工作，涉及新的技术手段、工作方式及更加复杂的服务需求。在这种情况下，原有的职能划分和人员配置已经无法满足工作的实际需求。组织结构优化能够帮助事业单位根据职能要求，科学地配置资源，明确各部门的职责与权责，合理整合专业力量。这种结构上的优化，不仅能够增强组织的整体协调性和响应性，还能避免资源浪费和人力分配的不均，确保各项工作的顺利进行。此外，组织结构与职能匹配的优化，也为事业单位带来了更高的管理能力。在职能转型过程中，事业单位往往需要在新的领域开展大量探索和实验，而这种探索性工作通常带有一定的复杂性和不确定性。通过优化组织结构，能够为这种变化提供更加灵活的支持。组织结构的适应性越强，事业单位应对外部变化的能力就越强。这种能力的提升，不仅有助于事业单位顺利过渡到新职能，还能够在新职能发展过程中迅速调整策略，确保业务持续发展和资源高效利用。

职能转型不仅要求组织结构的调整，还要求部门间的合作和沟通变得更加紧密。传统组织结构往往是以部门为中心，部门之间的界限可能导致信息的不对称和资源的低效利用，而组织结构优化的一个重要目标，就是推动部门之间的协作和信息共享，促进跨部门、跨职能的协同工作。在新的组织结构中，部门之间的沟通与合作将更加顺畅，能够及时掌握和解决问题，提高工作效率，推动各项任务的顺利完成。

组织结构与职能的匹配，也在一定程度上决定了事业单位的创新能力。职能转型往往意味着事业单位在业务和服务模式上的不断创新。如果组织结构不够灵活，创新活动的开展可能受到制约。在一个高效的组织结构中，创新往往能得到更好支持。优化后的组织结构能够为职能创新提供更大的空间，推动决策的快速执行，形成更有活力和效率的工作氛围，更好地支持职能转型和创新发展。

组织结构与职能转型的匹配是事业单位改革中的一项核心任务。通过合理优化组织结构，事业单位可以有效地提升其应对复杂环境和多样化需求的能力，实现资源的合理配置，推动工作流程的优化，促进跨部门协作与信息共享，进而提高整体工作效率和服务质量。随着职能转型的不断深化，事业单位必须更加重视组织结构的优化和调整，确保能够适应新的业务需求和工作环境，保持在快速变化的社会和市场环境中的竞争力和可持续发展能力。

二、部门职能与流程的重新划分

在当前事业单位面临的结构调整过程中，如何实现有效的职能转型，已经成为组织发展和管理改革的重要课题。事业单位作为公共服务的重要承担者，其职能和结构的优化不仅关系到内部管理效能的提升，还与服务对象的需求密切相关。因此，在进行组织结构调整时，事业单位必须审慎地评估各个部门的职能定位和工作流程，并结合实际需求对其进行适当的优化与调整，确保事业单位在新时代的环境中实现更加高效、灵活的运转。

组织结构的调整并非仅仅是人员的重新分配或部门的简单整合，它实际上是对事业单位运营模式和工作机制的全面梳理和创新。在这一过程中，事业单位首先需要清晰地识别哪些部门和岗位对于职能转型至关重要，这些核心部门和岗位通常承担着事业单位战略目标实现的关键职能，其功能和运作方式必须根据新的环境要求进行精准定位。这一过程不仅要求管理层对现有的职能设置进行深刻反思，还需评估不同部门之间的功能重叠或资源浪费情况，找出优化和提升的空间。

为了实现组织结构的合理调整，事业单位在进行职能划分时应考虑到各部门之间的协同作用及外部环境的变化。当前，事业单位的运营面临着来自政策、市场、技术等方面的多重挑战。对这些外部因素的敏锐察觉与适应能力，要求事业单位必须具备灵活的内部结构，以便在应对变化时迅速调整战略和实施方案。因此，部门的职能设计不仅要注重专业化和独立性，还要强调跨部门的协同效应，确保各项工作顺畅衔接、无缝对接。此外，随着科技进步和管理理念的不断更新，许多传统上单一职能的部门已经不再适应当前事业单位对灵活、高效运作的需求。此时，对部门进行合理的精简和调整便显得尤为重要。精简部门职能，减少冗余和重复的工作内容，能够有效释放人力资源，提高组织运行效率。这一过程不仅能去除不必要的职能，更能对组织资源进行重新配置。通过精简，可以将更多的精力和资源集中于那些对事业单位长远发展具有战略意义的核心领域，促进资源的高效利用。

除了结构和职能的调整外，工作流程的优化同样是组织改革中的重要环节。

合理的工作流程不仅能提高整体工作效率，还能够减轻内部管理的复杂性，降低沟通和协调的成本。在现有的工作流程中，可能存在信息流转不畅、职能交叉不清等问题，这些都可能导致工作效率低下或出现职能失调的现象。因此，事业单位在组织结构调整过程中，必须着力于优化内部工作流程，通过信息化手段促进工作环节的精简和数据流的畅通，减少不必要的重复性工作，提高决策和执行的速度与准确性。

在职能转型的过程中，另一个不可忽视的因素是部门间的整合与协同。随着时代的发展和改革的深化，许多部门的职能和职责已经发生了深刻的变化，原有的界限逐渐模糊，跨部门合作成为日常工作的重要组成部分。部门间的有效协同，不仅能够减少资源浪费，还能够提高工作效率和创新能力。因此，在结构调整时，事业单位应根据实际情况推动部门之间的整合，打破传统的“条块分割”模式，促使不同领域的专家和人才在跨部门协作中发挥更大作用，推动整体工作效率的提升。

结构调整和职能转型并非一蹴而就的过程。在实际操作中，事业单位的职能转型和组织结构调整往往会面临诸多挑战。首先，由于文化的惯性和人员的稳定性，许多员工可能对新结构和新职能模式产生抵触情绪，导致改革进程的滞后。对此，事业单位在进行结构调整时，必须重视员工的心理疏导和培训工作，帮助他们理解改革的意义和目标，逐步消除不安和抵触情绪，增强团队的凝聚力与执行力。职能转型不仅是一次简单的组织结构调整，它往往伴随着管理模式、工作方式和思想观念的深刻变化。事业单位的领导者需要在这场改革中扮演积极的推动者和协调者，以确保各项改革措施有效落实。同时，管理者还需要具备前瞻性思维，密切关注行业动态和政策变化，不断调整和优化改革方案，以确保组织结构始终保持与时俱进的状态。

通过有效的职能划分与结构优化，事业单位不仅能够提高内部管理的灵活性和高效性，还能够更好地适应外部环境的不断变化。这种适应性和灵活性，正是事业单位在现代化管理中取得成功的关键。随着社会需求和技术创新的不断发展，事业单位在职能转型与结构调整方面的持续探索和实践，必将为其提供更强的竞争力和服务能力，推动事业单位在新时期更好地履行其社会职能，提升公共服务的质量和效率，最终实现组织的可持续发展。因此，事业单位的结构调整和职能转型并非一蹴而就，它是一项系统工程，涵盖了组织文化、管理模式、人员培训等多个方面。在这一过程中，事业单位必须注重全面性与系统性，深入挖掘潜力，优化资源配置，在新的时代背景下实现组织的高效运行与长期发展。

第三节　业务流程重塑与创新

一、业务流程评估与优化

在现代事业单位的转型过程中，业务流程评估与优化已经成为提升行政效率、增强服务质量及实现职能转型的关键环节。随着外部环境的不断变化，传统的业务流程已无法满足新的发展需求，因此，事业单位亟须对现有流程进行深入的评估与分析，找出其中的瓶颈与不足，进而通过优化，提升整体运营效率和资源配置的合理性。业务流程重塑不仅是技术层面的创新，更是组织管理理念和管理模式的深刻变革，其核心目的是通过摒弃过时的、低效的操作方式，创造更加灵活高效的工作流程。

在评估业务流程时，事业单位首先需要对现有的各个环节进行系统性梳理与诊断。这一过程要求从整体上把握业务流程的运行脉络，清晰各部门、岗位之间的责任和任务分配，确保准确识别各环节之间的依存关系与互动机制。通过对各项工作的全过程分析，事业单位能够揭示其中潜在的效率问题。例如，一些环节可能存在任务重复、信息流转不畅或协调不力的现象，导致时间、精力和资源的浪费。这些低效操作不仅影响了部门间的协作效率，还可能导致服务质量的降低，甚至影响组织目标的实现。因此，发现和剖析这些问题，准确识别瓶颈和障碍，是推进流程优化的第一步。当前许多事业单位的业务流程由于过于依赖人工操作和传统的管理手段，产生了许多冗余环节和重复劳动。例如，在文件审批、预算编制和报告生成等领域，存在大量手工操作，往往需要多个部门反复审阅、修改和确认，耗费了大量的时间与人力资源。通过细致入微的业务流程评估，事业单位可以深入分析这些环节中不必要的重复工作，进一步揭示资源浪费的具体表现。这不仅能够帮助管理者识别流程中需要精简或调整的部分，也能够为后续优化提供精准的指导意见。

优化的空间往往不仅体现在技术的改进上，更多的是制度和流程设计的深层次反思。部分业务流程中可能存在过于复杂的审批流程或过长的等待周期，这会直接影响到整体业务的响应速度与执行效率。通过业务流程评估，事业单位可以对流程中的冗余审批、层级过度设置等问题进行梳理，改进流程设计，实现扁平化管理。这种优化不仅能够提升业务的执行力，还能够增强组织对外部变化的适应能力，确保事业单位快速响应社会需求和政策变化。

现代信息技术的应用为业务流程优化提供了巨大的潜力。许多事业单位在实际操作中，存在信息化水平低、技术工具使用不充分等问题，导致业务流程运行过程中容易出现信息滞后、重复录入和数据错漏等情况。通过对现有流程的技术诊断，事业单位能够发现信息化建设中的不足，并在此基础上积极引入先进的技术工具，如电子审批系统、云计算平台、大数据分析等，以提高数据处理的精度和效率。通过数据共享和智能化手段的应用，可以有效减少人工干预和信息传递中的失真，极大提升业务流程的流畅度和可靠性。业务流程的优化并不是一蹴而就的过程。它需要根据事业单位的实际情况，逐步开展系统化的调整与改革。在进行流程优化时，管理层应当充分考虑组织文化、人员素质和工作习惯等因素，避免盲目追求短期效益而忽视了长期发展的系统性和可持续性。优化方案的制定应当建立在充分调研和理论分析的基础之上，结合实际情况，探索最佳的解决方案。事业单位在进行流程优化时，还需提升员工的参与感和认同感，通过培训、沟通和激励等手段，推动全体员工形成共同的目标和愿景，确保优化措施能够真正落地并产生预期效果。

流程优化的最终目标不仅是提升事业单位的工作效率，它是推动事业单位职能转型的关键步骤。职能转型通常涉及组织结构的调整、职责分工的优化及文化理念的更新，而业务流程的优化恰恰为这一转型提供了切实可行的路径。在流程优化的过程中，事业单位可以通过强化数据化管理、去除冗余环节及提升人员技能等手段，实现组织内部资源的合理配置与高效使用。这一过程能够帮助事业单位提升整体的运营效率，为更好地服务公众、履行社会责任打下坚实的基础。

事业单位的业务流程评估与优化，是实现职能转型和提升整体行政效能的必由之路。通过对现有流程的深入评估，能够有效发现其中的低效环节、资源浪费和重复操作，为后续的优化工作奠定坚实基础。优化过程不仅依赖技术工具的引入，更依赖制度与管理理念的创新，尤其是要重视员工的参与和配合，确保优化措施在全员的共同努力下取得实际成效。随着事业单位的不断发展，业务流程的重塑与优化将为其职能转型和提升综合管理水平提供有力支持。

二、引入创新性流程与管理方法

在当前社会的快速发展和变革中，事业单位改革与创新尤为重要。作为公共服务的重要承载体，事业单位在面临日益复杂的服务需求和多样化的公众期望时，必须持续探索适应时代需求的管理与服务模式。传统的管理模式和业务流程在许多方面已无法满足现代社会对高效、灵活和精准公共服务的需求。因此，引入创新性流程和管理方法，不仅是提升事业单位运行效率的必要途径，更是应对挑战、促进可持续发展的关键。

在事业单位的管理实践中，流程的优化和管理方法的创新是两项紧密相连的重要任务。优化传统业务流程通常是指对现有流程进行精细化调整，使其更加高效和适应实际需求。单纯的流程优化未必能从根本上解决事业单位面临的效率和服务质量的双重挑战。为此，事业单位应当在流程优化的基础上，全面引入创新的管理方法，如精益管理、敏捷管理等。这些管理方法的核心理念并不仅是追求效率的提升，而是通过灵活和有效调整，服务和流程更好地应对快速变化的环境和多样化的需求。

精益管理作为一种追求“最大效率、最小浪费”的管理方法，强调在业务流程中消除一切不必要的环节和资源浪费。对事业单位来说，精益管理的引入可以帮助其在提高服务效率的同时，确保资源的最优配置与利用，而精益管理通过标准化作业流程、消除冗余环节、提高工作透明度等手段，能够有效减少工作中的重复性劳动，缩短服务周期，提升员工的工作积极性与服务质量。更为重要的是，精益管理在提升效率的同时，也注重以客户为中心的服务模式，使公众享受到更便捷、高效、精准的公共服务。

敏捷管理则是一种在复杂、多变环境中灵活应对挑战的管理方式。其最核心的理念是通过快速迭代、反馈和适应性调整，确保管理流程在不确定的环境中持续有效地运行。敏捷管理强调团队合作、快速响应、客户需求导向等原则，适合应用于需要高灵活性和快速决策的事业单位中。例如，面对突发公共事件时，传统管理模式可能会因决策过程的烦琐和流程的迟缓，导致服务效率低下，而敏捷管理则通过灵活的组织架构和快速反应机制，使事业单位迅速调整策略，确保公共服务的及时性和有效性。

创新不仅体现在管理方法和流程的变革上，更应当渗透到事业单位的服务流程、工作模式乃至信息系统的各个层面。在信息化时代，事业单位要想提升其服务质量和工作效率，必须充分利用现代信息技术，创新其服务流程和工作模式。信息系统的建设与创新是推动业务流程优化和管理方法创新的基础支撑。通过信息化手段，事业单位能够实现业务流程的自动化、智能化，有效减少人工操作的错误和时间成本，提升服务的准确性和时效性。例如，通过大数据分析和人工智能技术的应用，事业单位可以更加精确地预测和分析公众需求，在资源调配、服务设计等方面作出更为科学和合理的决策。

在此过程中，服务流程的创新是至关重要的环节。服务流程不只是一个技术性、操作性的概念，更是决定事业单位能否有效满足社会需求的重要因素。传统的服务模式往往局限于单一的服务渠道和线性的工作流程，难以应对公众日益增长的个性化、多样化需求，而创新性的服务流程则强调从用户需求出发，通过多元化的服务模式、灵活的服务途径和高效的信息系统，提供更加个性化、精准化的公共服务。具体来说，事业单位可以通过建设多渠道的服务平台，将线下服务与线上服务有机结合，打破传统服务模式中的时空限制，为公众提供更加便捷的服务体验。

工作模式的创新同样是事业单位提升效能、应对挑战的关键。在传统工作模式下，事业单位往往存在较为僵化的组织结构和流程安排，容易导致决策迟缓、反应不及时、资源浪费等问题。创新的工作模式则强调组织的扁平化、协同化和灵活性，强调员工自主性与协作性，减少冗余的管理层级和复杂的审批流程。通过创新工作模式，事业单位能够激发员工的创造性与积极性，提高团队协作效率，并在应对复杂问题时更加灵活。此外，工作模式的创新还包括通过远程办公、智能协作工具等，实现工作形式的多样化和高效化。

事业单位要在复杂多变的社会环境中有效发挥公共服务职能，必须在优化传统流程的基础上，积极引入创新的流程和管理方法。精益管理、敏捷管理等创新管理理念的引入，为事业单位提供了高效、灵活的管理工具；而信息系统、服务流程和工作模式的全面创新，则为事业单位提供了更加科学、精准的公共服务解决方案。通过这些创新，事业单位能够更好地应对新时代的挑战，满足公众日益增长的多样化需求，推动社会的持续进步与发展。

第四节　技术支持与数字化转型

一、信息技术的应用与事业单位转型

随着信息技术的不断进步，事业单位的职能转型逐渐成为其改革发展的重要课题。在这一过程中，数字化转型无疑是推动事业单位职能优化和管理方式革新的核心动力。信息技术的创新，尤其是云计算、大数据、人工智能等技术的迅猛发展，为事业单位提供了前所未有的机遇和挑战。为了应对不断变化的社会需求和提高自身的服务效能，事业单位必须积极探索这些技术的应用场景，并实现在公共服务中的深度融合，以促进职能的全面转型。

在这一背景下，云计算的应用为事业单位的数字化转型提供了基础架构支持。云计算作为一种新型的计算模式，它能够通过互联网按需提供计算资源，企业和组织不再依赖传统的硬件设备和本地服务器，而是通过远程访问云平台获取数据存储、计算和应用等服务。这种模式不仅显著降低了事业单位在 IT 基础设施方面的投资成本，还使各类数据和信息得到高效、安全的存储和处理。事业单位能够通过云计算平台实现跨部门、跨地区的数据共享和协同办公，提升管理效率，优化决策过程。与此同时，大数据技术的广泛应用也为事业单位带来了巨大的变革潜力。通过对海量数据的收集、存储、分析和挖掘，事业单位能够更加精准地掌握社会需求、公众关注点及服务质量等方面的信息。大数据不仅可以帮助事业单位更好地理解目标群体的行为特征和需求趋势，还能够为制定政策、优化公共服务及评估项目效果提供数据支持。借助大数据技术，事业单位能够提升数据决策的科学性和时效性，实现更加精准的资源配置和服务优化。

人工智能则为事业单位带来了更加智能化的工作方式。人工智能技术的应用能够有效提高数据处理和决策分析的自动化水平，大幅度减少人工干预，提高工作效率和准确性。在公共服务领域，人工智能可以通过智能客服、语音识别、人脸识别等技术，提升服务的响应速度和个性化水平，减少人力资源的消耗。此外，人工智能还可以通过深度学习和数据挖掘，分析历史数据中的规律和趋势，为事业单位提供更加智能化的决策支持，帮助其优化业务流程和服务质量。

随着信息技术的深入应用，事业单位的管理方式也在发生根本性变化。传统的管理模式往往依赖人工操作和层级审批，存在效率低下、决策滞后等问题，而信息技术的广泛应用，特别是在数据传输、处理和共享方面的突破，使事业单位实现更加高效和透明的管理。通过数字化平台和信息系统的整合，事业单位不仅能够实时跟踪和管理各类业务和任务的进展，还能够通过数据分析及时发现潜在问题并进行调整。数字化转型推动了事业单位管理模式的革新，使其更加灵活、响应迅速，更能够适应快速变化的社会环境和公共需求。信息技术的应用虽然为事业单位带来了巨大的潜力，但在实际操作中依然面临一些挑战。技术的快速迭代和复杂性要求事业单位在数字化转型过程中不断学习和适应，以避免因技术滞后或应用不当导致的资源浪费和效率低下。同时，技术应用的安全性和隐私保护问题也是事业单位需要高度重视的。数据泄露、信息安全等问题直接关系到事业单位的声誉和公众的信任，因此在推动信息技术应用的过程中，必须加强对数据安全和隐私保护的管理，确保技术应用符合相关法律法规和道德规范。

事业单位的员工培训也是数字化转型过程中不可忽视的一环。信息技术的应用不仅需要硬件和软件的支持，更需要具备一定技术素养的员工操作和管理。事业单位必须加大对员工信息技术培训的投入，帮助他们提高数字化技能，顺利适应新的工作方式。只有培养专业的技术人才，才能确保信息技术在事业单位内部的顺利落地，并为事业单位的数字化转型提供强有力的支持。此外，事业单位还应建立起合理的技术管理机制，确保信息技术的应用符合事业单位的战略目标和长远发展规划。在数字化转型的过程中，技术应用往往涉及多个部门和环节，需要协调各方力量、确保技术平台的兼容性和稳定性。这要求事业单位在推进信息技术应用的同时，注重跨部门协作和资源整合，形成合力，避免信息技术的碎片化应用和资源的浪费。

信息技术的不断发展和广泛应用为事业单位职能转型提供了强大推动力。在云计算、大数据、人工智能等技术的加持下，事业单位能够实现更加高效、智能的公共服务和管理方式，提升自身的服务效能和社会影响力。信息技术的应用也带来了诸多挑战，事业单位在推动数字化转型的过程中，必须解决技术安全、员工培训、管理机制等一系列问题，确保技术切实服务于事业单位的职能转型和可持续发展。

二、数字化平台的建设与整合

在现代社会快速发展的过程中，数字化转型已成为事业单位提升管理效率和服务水平的关键途径。随着信息技术的不断进步，尤其是互联网、大数据、云计算等技术的广泛应用，数字化平台的建设与整合为事业单位的运营模式带来了革命性的变化。数字化平台不仅意味着技术层面的改造，更代表业务流程、管理模式及服务方式的深刻变革。事业单位在实施数字化转型的过程中，必须着力建设与整合多种数字化平台，形成一个完整的信息系统，以支持日常运营和决策的优化。这种建设不仅提高了工作效率，改善了内部管理，还促进了跨部门、跨机构的协作，推动了公共服务的持续改善。

数字化平台的建设首先是事业单位提升信息流通与资源共享能力的核心所在。通过构建电子政务平台、数据共享平台等，事业单位能够将散布在各个部门的信息和资源进行有机整合，消除信息孤岛和传统管理方式中存在的协调难题。信息共享不仅提升了资源的使用效率，还能促进信息的及时更新和传播，确保各级管理人员在决策时获得更准确、更全面的数据支持。这对事业单位的决策科学性与高效性具有重要意义。

电子政务平台作为数字化转型的重要组成部分，不仅是政府与民众之间信息交流的桥梁，更是各类公共服务的核心平台。电子政务平台的建设大大减少了传统办事程序中的人工环节，提升了办事效率，同时也提升了政府工作的透明度和公众的参与度。借助电子政务平台，事业单位能够实现信息公开、事务办理、在线审批等多项功能，极大地方便了群众与企业办理各类事务，减少了不必要的时间成本和人力成本。此外，平台化的政务服务能够通过数据分析来识别办事过程中存在的瓶颈和问题，帮助政府相关部门优化流程，提升整体服务水平。通过电子政务平台的建设，事业单位不仅提升了公共服务的便捷性，还增强了服务的公平性和透明度，赢得了公众的信任与支持。

在数字化平台的建设中，数据共享平台的作用尤为重要。事业单位在不同职能部门之间往往拥有大量的信息资源，而这些资源的价值往往在于其能够被高效整合与共享。传统的部门化管理模式往往存在信息壁垒，不同部门之间的沟通效率低下，导致信息流通不畅、资源重复建设等问题。通过建立数据共享平台，事业单位可以实现各部门之间的无缝连接，确保信息的流动性和实时性。数据共享平台能够突破部门边界，集成来自不同系统的数据，形成一个全局性的知识库。在此基础上，各部门可以依据实时数据作出精准的决策，避免了信息滞后的问题，减少了因信息不对称而产生的沟通误差。这种整合式的数字化平台不仅增强了部门间的协同效能，还提升了事业单位的整体运营效率，使其能够快速响应政策变化和社会需求。

数字化平台的建设不局限于信息流通和资源整合的层面，它还能够推动事业单位管理体系的深度变革。在传统的管理模式下，事业单位的工作往往依赖人工操作和纸质文件，而这正是效率低下和易出错的根源。数字化平台的引入，能够将这些传统环节转化为在线流程，减少了烦琐的手工操作，使各项工作能够在系统平台上自动进行。这种平台化管理的优势体现在多个方面。首先，数字化平台能够有效提高工作效率和准确性，系统可以按照预设规则自动完成相关操作，避免了人工干预带来的错误与漏洞。其次，数字化管理能够大大减少工作中的资源浪费和重复劳动，提高了资源利用的效率。例如，数字化平台可以通过智能调度和任务分配，确保人力资源的合理配置，避免了部门之间因协调不力而产生的工作重叠或空闲。与此同时，数字化平台的建设还能够帮助事业单位在政策实施和监管过程中实现精准监控和实时反馈。在数字化平台的支持下，事业单位可以通过对数据的深度分析，及时发现潜在的风险和问题。例如，平台可以通过大数据技术对行政审批、财政支出、社会服务等领域的数据进行实时监控，从而识别管理中的薄弱环节，为决策者提供及时的警示和建议。这种精准监管不仅提高了管理的透明度，也增强了社会公众对事业单位的信任，提升了事业单位的公信力和执行力。

随着信息技术的不断发展，数字化平台的应用还在不断创新。云计算、大数据、人工智能等新技术的引入，大大拓宽了数字化平台的应用场景和发展空间。

事业单位可以通过这些技术手段，提升平台的智能化水平，进一步优化服务内容。例如，人工智能可以在数据分析和决策支持中发挥重要作用，通过对大量历史数据的分析，帮助事业单位预测社会趋势和政策效果，支持决策者作出更加精准的规划。通过不断整合新技术，事业单位能够在更高层次上提升其服务效率和决策水平，进一步推动数字化转型的深入发展。因此，数字化平台的建设与整合不仅是事业单位提高管理效率和服务质量的手段，更是推动其现代化转型的重要基础。通过不断优化平台功能、拓展应用领域，事业单位可以实现更高效的信息共享和跨部门协同，提升公共服务的便捷性、透明度和公平性，为社会公众提供更加高质量的服务。同时，数字化平台也为事业单位提供了更加精准的管理工具和决策支持，帮助其应对日益复杂的社会和经济环境，推动事业单位在新时代背景下的可持续发展。

三、数字化转型的管理挑战与人才结构要求

在当前全球范围内，数字化转型已成为事业单位发展的关键驱动力，它不仅是技术层面的变革，更是对组织管理、人才结构及企业文化等多个层面的全面挑战与重塑。对于事业单位而言，数字化转型的成功与否，不仅依赖技术的引入和系统的更新，更在于其能否通过合理的管理机制与人才战略，推动整体工作模式的创新与提升。数字化转型的过程，是一个技术、管理和文化相互融合、协同推进的过程，它要求事业单位在不断调整结构和流程的同时，在人才培养和管理理念的转型上投入巨大的努力。

随着数字技术的快速发展和应用场景的日益丰富，事业单位面临着前所未有的管理挑战。为了顺利实现数字化转型，事业单位必须从人才结构的调整入手，培养能够适应新技术和新环境的复合型人才。这些复合型人才不仅要具备一定的技术能力，能够熟练运用数字工具和平台，同时还需要具备良好的管理素养，理解和掌握传统业务流程与数字化技术之间的关系，能够在推动组织变革的过程中，发挥桥梁和纽带作用。在数字化转型的初期阶段，传统行业的技术壁垒和工作模式通常会给新技术的落地带来一定阻力，这时复合型人才能够快速掌握新技术、结合现有工作流程进行有效整合，从而大大减少转型过程中的摩擦与难题。

单纯依赖技术人才的培养并不足以确保事业单位数字化转型的成功。组织层面的管理变革同样至关重要。在数字化转型的背景下，事业单位的管理模式和业务流程需要进行深度的重塑和优化。传统的线性管理和层级管理模式常常与数字化的灵活性和高效性相冲突，管理层需要具备更加开放、包容的思维，逐步建立起以数据为基础的决策体系。这种管理模式的转型，要求管理者不仅具备数字化思维，更要能够根据数据分析结果作出科学的决策。在数字化转型的过程中，传统的经验性决策方法逐渐被数据驱动的决策取代，而管理者的职责也从单纯的指挥和监督，逐渐转向数据分析与战略引领。这意味着，管理者在思维方式和决策方式上，都必须具备较高的数字化素养和敏锐的市场洞察力。此外，事业单位的数字化转型不仅需要管理者具备数字化思维，还需要建立相应的管理机制来保障转型的有效推进。在具体的操作层面，管理者需要将数字化工具和技术与实际的管理需求相结合，制定符合事业单位实际情况的实施方案。这包括对数字化流程的规范化管理、对项目实施进度的精细化控制、对团队协作和信息流通的智能化调度等方面的改进。只有通过科学的管理机制和合理的资源配置，才能确保数字化转型的各项举措落地，并为事业单位的长期发展奠定坚实的基础。

对于事业单位员工而言，数字化转型不仅是一个适应新技术的过程，更是一个全方位提升能力的过程。在这一过程中，事业单位需要为员工提供全面的培训和学习支持，使其在新技术的应用上得心应手，减少由技术变化带来的困惑和压力。员工培训不仅是对现有技能的简单提升，更要注重培养员工的创新能力和数字化思维，使其在实际工作中灵活应对复杂的挑战，快速掌握新的工作方式和工具。同时，事业单位应当建立健全的支持体系，为员工提供必要的资源和帮助，确保他们在工作中发挥最大的潜能，推动事业单位整体的数字化进程。

数字化转型的深度实施还要求事业单位构建起一套以数据为核心的决策支持系统。在这个系统中，数据不仅是工作成果的记录工具，更是管理决策的重要依据。事业单位的管理者应当具备较强的数据分析能力，能够通过对业务数据的深入分析，挖掘潜在的业务机会和风险点。这种基于数据的决策方式，要求管理者不仅要具备数字化工具的操作能力，还要有敏锐的数据洞察力和较强的逻辑思维能力。在实施过程中，管理者需要结合事业单位的具体情况，合理配置资源，优化决策流程，确保每一项决策都有效推动数字化转型的实施，并为事业单位的长远发展提供有力的支撑。

数字化转型对于事业单位来说，既是技术革命的挑战，也是管理理念和人才结构创新的机会。通过培养复合型人才、完善管理机制、强化员工培训和提升数据决策能力，事业单位能够顺利实现数字化转型，提升整体工作效率和服务质量。在这一过程中，管理层的数字化思维和数据决策能力起着至关重要的作用，他们需要通过科学的管理方式和有效的资源配置，推动转型的深入实施。随着数字化转型的不断推进，事业单位的工作方式、管理模式和人才结构将发生深刻变革，为事业单位的可持续发展创造更加广阔的空间。

第三章　人力资源在事业单位职能转型中的作用

人力资源是事业单位职能转型中的关键要素之一。无论是职能调整、组织变革，还是技术创新，都离不开人力资源的有力支持。人力资源管理不仅是招聘与配置问题，更涉及如何优化人才结构、提升员工能力、激发创新精神和增强组织活力。在职能转型过程中，人力资源管理必须与事业单位的转型目标紧密契合，通过精准的人力资源适配策略，确保每一项职能的转型都有合适的人员支撑和动力保障。人力资源在职能转型中的作用不仅表现在人才的选拔和引进上，更体现在员工培训与发展的有效设计上，帮助员工适应新的职能要求与工作内容。此外，组织文化的融合也是职能转型中不可忽视的方面，良好的文化氛围能够提升员工的认同感与归属感，为职能转型提供良好的内在动力。

第一节 人力资源管理的基本职能

一、人力资源规划

在事业单位的运作和发展过程中，人力资源规划的作用不可忽视，它不仅是提升组织效率和实现长远战略目标的重要手段，也是确保事业单位适应不断变化的外部环境和内部需求的基础性工作。人力资源规划的核心在于对未来人才需求进行科学预测和合理配置，以支撑事业单位的战略发展和职能转型。具体而言，事业单位的人力资源规划涉及对事业单位未来发展过程中所需的人力资源数量、结构及素质等方面的深刻洞察与分析。

事业单位的人力资源规划是一个系统的、长期的过程，它首先要求对组织的使命、愿景、目标及发展战略进行全面了解。在此基础上，通过结合当前事业单位的实际状况及未来潜在变化，预测未来可能出现的人力资源需求。与企业相比，事业单位具有独特的公共性质和社会责任，这意味着人力资源规划不仅要关注人员的数量与质量，更要深入考虑这些人力资源如何能更好地服务于社会和公共利益。因此，事业单位的人力资源规划不仅是组织内部职能的安排，它还涉及如何通过有效配置人才来增强公共服务效能和履行社会责任。

为了实现这一目标，事业单位的管理者需要充分理解和把握事业单位在未来一段时间内将面临的外部环境变动和政策导向。这些外部因素常常决定了事业单位在特定阶段的人力资源需求。例如，随着社会的不断发展和公众需求的变化，事业单位的职能和服务对象可能发生改变，对相关人才也会产生新的需求。为了更好地应对这种变化，事业单位应当注重人才的多样性和适应性，特别是在信息化、智能化等新兴领域中，专业技术人才和管理人才将变得尤为重要。

在进行人力资源规划时，事业单位还需要对内部现有人员的素质和结构进行评估。通过全面的人力资源审计和分析，事业单位可以清晰地了解当前员工的能力结构、知识背景、工作经验及岗位匹配度。这一过程不仅有助于发现现有人员的优势和潜力，也能揭示人力资源配置中可能存在的空白或不足之处。结合对未来需求的预测，事业单位能够在现有员工的基础上有针对性地进行培训和提升，或者引进外部优秀人才，确保整体人力资源配置与事业单位战略目标相匹配。

事业单位在制定人力资源规划时，还必须充分考虑国家政策和行业发展趋势对人才结构的深远影响。随着政府对公共部门改革的持续推进，事业单位的职能也在不断转型升级，传统的业务模式和管理方式正在逐步向现代化、信息化、网络化方向发展。这要求事业单位必须具备一定的灵活性和前瞻性，在规划过程中综合考虑政策变化、技术进步及社会环境对人才需求的潜在影响。换句话说，事业单位的人力资源规划不仅要立足当下，更要具备前瞻性思维，能够根据未来可能出现的变化进行合理的预判和调整。

事业单位在进行人力资源规划时，还需要高度关注员工的职业发展和工作满意度。与传统的企业人力资源管理不同，事业单位员工的工作动机和价值观常常受到较强的社会责任感驱动。因此，事业单位的规划不仅要着眼于如何有效配置人才，还应考虑如何为员工提供广阔的职业发展空间和合理的激励机制。员工的职业发展需求和工作成就感直接影响其工作效率和事业单位的整体绩效，因此事业单位应建立完善的职业发展路径和培训体系，为员工提供不断成长的机会，确保员工的工作满足感和归属感。同时，事业单位在实施人力资源规划时，还应注重规划的灵活性和可操作性。随着社会的快速发展和科技的不断进步，很多新的需求和挑战难以预测。因此，事业单位应当在进行人力资源规划时，设定合理的调整机制，确保人力资源配置根据实际情况及时进行动态调整。灵活的规划和应变能力使事业单位在快速变化的环境中持续稳定地运行，并且有效应对突发的挑战和变化。

人力资源规划的最终目标是通过科学的预测和合理的配置，确保事业单位具备合适的人才结构来支持组织的各项职能。具体而言，这种人才结构不仅要符合事业单位当前的工作需求，还要为未来的发展和职能转型做好充分准备。随着社会的不断进步和事业单位职能的不断扩展，人力资源规划的要求也变得越来越复杂，既需要全面考量外部环境的变化，又要注重内部组织结构和人才队伍的建设。因此，事业单位在人力资源规划过程中必须注重长远目标的实现，并确保规划的可持续性和科学性。

在整个规划过程中，事业单位还需注重与相关政策的协调及与其他公共服务机构的联动。通过跨部门、跨行业的合作，事业单位能够更好地把握人才流动趋势和市场需求，同时实现资源的共享与优化配置。这种合作不仅能够提升人力资源的使用效率，还能为事业单位的职能转型提供有力支撑。

事业单位的人力资源规划不仅是提升组织效能的工具，更是保障事业单位可持续发展的战略性工作。通过精准的需求预测、科学的资源配置、灵活的应变机制及对员工发展的关注，事业单位能够在复杂多变的环境中实现人才的最优配置，促进职能转型与组织目标的实现。

二、招聘与配置

招聘与配置作为事业单位人力资源管理中的关键环节，对推动职能转型与组织发展具有深远影响。在当今迅速变化的社会环境中，事业单位面临着职能调整和业务扩展的双重压力，如何通过科学合理的招聘与配置机制来支持这一转型，成为提升组织竞争力的关键所在。人才是推动事业单位转型和创新的核心力量，因此，精准的人才选拔和高效的岗位配置，能够确保各项职能得到有力支持，促进事业单位目标的实现。

随着国家对事业单位改革的不断深化，传统的人才招聘模式已无法完全适应当前发展的需求。事业单位在招聘过程中，必须打破以往单纯依赖内部调配与简单补充的局限性，引入更加灵活与多元的招聘策略。招聘不仅是寻找符合职位要求的候选人，更重要的是在广阔的人才池中发掘那些具有创新思维、能够支持事业单位发展战略的人才。因此，事业单位的招聘不仅要注重候选人专业素养的匹配，还要关注其能否在复杂多变的工作环境中表现出较强的适应能力和创新能力。选拔的标准应当结合组织的未来发展需求和职能转型目标，注重系统性与前瞻性的规划。通过科学的招聘方式，事业单位能够吸引具备复合型能力和跨界视野的人才，为后续的职能调整与战略实施打下坚实的基础。

在配置环节，事业单位需要更加精确地识别现有组织结构与人才队伍中存在的短板，并根据职能转型的需求进行岗位和资源的优化配置。职能转型往往伴随着组织结构的调整和工作任务的变化，因此，合理的岗位设置和人员配置，是保障组织顺利过渡的重要手段。在进行岗位调整时，事业单位应依据现有的业务需求与战略目标，精准评估每个岗位所需的专业技能与职能要求，从而合理配置人才资源。对于一些岗位来说，可能需要通过外部招聘来引入新的专业力量，而另一些岗位则可以通过现有人员的培训与调动来满足需求。在这一过程中，事业单位需要避免人力资源的浪费和冗余配置，同时还应注重激发员工的工作潜力与创新动力。通过优化人员配置，可以降低职能转型过程中因人员短缺或配置不当带来的风险，从而保障各项任务的高效完成。

职能转型的顺利推进要求事业单位具备高度的敏捷性和灵活性，这就要求招聘与配置不仅要适应短期的职能调整，更要为长期的发展规划提供支持。在实际操作中，事业单位应该根据职能转型的具体步骤和战略目标，灵活调整人员配置方式。一方面，内部人才的重新配置和岗位的跨职能调动可以提升组织的整体效率与协作能力；另一方面，借助外部招聘来引进一些特定领域的专业人才，可以弥补现有团队中的知识空白，进而促进职能转型的深入推进。在此过程中，事业单位需要结合具体的职能调整目标，深入了解各部门和岗位的需求，科学制定人力资源的配置方案，确保每个岗位都与职能转型的要求对接。

在招聘与配置的过程中，事业单位应当考虑团队的多样性与协作性。在职能转型的背景下，事业单位往往需要跨部门、跨专业的协作与配合，这就要求组织中的各个岗位能形成互补性强、协同能力高的团队结构。因此，在进行人员配置时，除了考虑专业能力和工作经验外，还应当重视员工的团队合作精神和跨部门协作能力。通过优化团队结构，事业单位不仅能够确保职能转型的顺利实施，还能在面对外部环境变化时展现出更强的应变能力与创新能力。团队成员间的协同与合作，将直接影响事业单位在职能转型过程中的运作效率和创新发展。此外，事业单位在招聘与配置的实施过程中，还需注重人才的长远发展和激励机制的设计。在职能转型的过程中，人才流动性强、岗位调整频繁，如何激励员工保持高效的工作状态并顺利适应新岗位，是摆在事业单位面前的一项重要任务。事业单位应当通过灵活的激励政策和完善的职业发展路径，增强员工的归属感与责任感，鼓励其在新岗位上发挥专业优势，提升工作绩效。同时，事业单位还应当通过培训与职业发展的机制，为员工提供更多的学习机会，帮助其提升工作能力和创新意识。通过系统的培训体系和激励措施，事业单位不仅能确保人才在职能转型过程中平稳过渡，还能为未来的发展积蓄力量。

招聘与配置是事业单位职能转型中的基础性工作，直接影响到组织能否高效实现职能调整与战略目标。事业单位需要根据外部环境和内部需求，科学制定招聘与配置方案，注重精准的人才选拔和高效的岗位配置，通过激励与培养相结合，推动人员结构的优化和团队协作能力的提升。只有在这一环节中做好充分的准备，事业单位才能为职能转型提供充足的人力资源保障，并在竞争激烈的环境中稳步发展。

第二节　人力资源适配策略与转型目标的契合

一、人力资源适配策略与转型目标的内在联系

人力资源适配策略与事业单位职能转型目标之间存在着深刻的内在联系，这一关系不仅体现在资源的匹配性上，更在于通过人力资源的战略性调整，确保职能转型的有效实施。在现代事业单位的发展过程中，职能转型不仅是对现有业务流程的单纯优化，更是涉及组织结构、管理模式及工作方法等方面的深刻变革。随着外部环境的变化及内在需求的不断更新，事业单位必须通过改革创新来提高工作效率、提升服务质量，并适应新的社会需求和政策环境。这种转型要求各项职能的调整、重塑或升级，而人力资源的适配则是确保这些变革得以顺利进行的核心要素之一。

人力资源的适配策略需要从事业单位职能转型的具体目标出发，进行全局性、战略性设计。这意味着，人力资源的配置、培训、激励机制等方面的调整，不应仅仅局限于完成当下的任务，更应着眼于长远发展，确保人力资源结构与事业单位的发展战略相符。例如，在一些事业单位进行行政管理职能转型时，需要对现有管理人员的工作职责、决策权限及团队协作模式进行重新评估，进而调整相应的职务安排和管理结构，以便实现职能转型的目标。这一过程中，人力资源适配的核心就是确保组织内的各类人力资本有效支持事业单位转型所需的创新、协调和执行能力。

对于事业单位来说，职能转型往往伴随着内部管理体制、文化氛围及工作流程的重构。人力资源的适配策略正是要通过灵活的配置方式，推动这些变革顺利开展。首先，组织结构的优化需要根据职能转型的需要，对相关岗位和人员进行精细化管理，确保人力资源能够适应新的岗位要求和职能定位。其次，管理模式的创新要求人力资源不仅具备基础的技术能力，还应具备较强的跨部门协作能力、创新意识及灵活的应变能力。因此，针对转型后的管理需求，人力资源的培训和

发展机制必须随之调整，尤其是在管理者的选拔和领导力的培养方面，应该更注重战略思维、变革管理和团队建设等核心素质的提升。事业单位职能转型过程中，人力资源适配的有效性还体现在如何将这些战略性目标转化为具体的操作方案。人力资源的适配策略不仅要注重人才的引进和岗位的安排，更要在日常管理中确保各项资源的整合与高效利用。在实际操作中，事业单位要通过对人员的绩效考核、激励机制的设计、薪酬福利体系的优化等手段，激发员工的主动性与创造性，使其积极参与转型过程，推动组织目标的实现。同时，适配策略也要在人员配置和资源分配上做到科学性与公平性相结合，以最大程度减少转型过程中的不确定性和阻力。

事业单位的职能转型不仅是外部环境变化对内部结构的响应，它还反映了事业单位适应现代化管理要求的内在动力。在这一过程中，人力资源的适配起到了推动作用。从战略角度来看，人力资源的适配策略应当与事业单位的长远发展规划紧密结合。具体而言，事业单位在进行职能转型时，要充分考虑行业趋势、政策导向及社会需求等外部因素对组织结构的影响，同时也要注重内部工作流程的优化和信息流的畅通。在这一背景下，人力资源适配不仅是一个行政性的任务，更是事业单位从传统管理模式向现代管理模式过渡的重要推动力量。

通过人力资源适配策略的有效设计，事业单位能够在职能转型中克服传统管理模式带来的惯性，顺利实现组织目标和业务目标的双重突破。与职能转型目标的紧密结合，使人力资源配置不仅具有实用性，更具前瞻性和战略性，这对于事业单位的持续发展和社会服务能力的提升具有不可忽视的作用。因此，在未来的改革与发展过程中，事业单位应当更加注重人力资源的战略适配，将其作为职能转型的重要支撑力量，确保组织在新的环境和新的挑战中脱颖而出，进一步提升其市场竞争力和服务效能。

二、人才引进与转型目标对接

事业单位在面对职能转型和发展需求时，人才的引进与培养显得尤为关键。在此过程中，如何确保引进的人才与事业单位的转型目标高度契合，成为提升组织竞争力和适应外部环境变化的核心因素之一。为了确保转型的顺利进行，事业单位在引才过程中不仅要考虑当前的业务需求，还需要着眼于未来发展，培养具有战略眼光、创新思维及专业能力的人才。

人才引进和职能转型之间的有效对接，必须围绕事业单位战略发展目标展开。这不仅要求人才具有扎实的专业能力和行业经验，更要具备推动变革和创新的潜力。因此，在制定人才引进政策时，事业单位需对内部职能结构进行全面梳理，识别那些在转型过程中扮演关键角色的岗位和领域，以确保人才在特定环境中最大限度地发挥效能。这些岗位往往对事业单位的未来发展至关重要，直接影响着职能转型的深度与广度。

随着社会经济环境的不断变化，事业单位的职能与任务也在经历快速的转型与调整。尤其是在信息化、智能化逐渐渗透各行业的今天，传统的职能模式已无法满足发展的需要，创新能力和应变能力逐渐成为事业单位发展中的核心竞争力。在这种背景下，事业单位应当精准定位人才需求，不仅要在关键岗位上引进具备高素质和专业技能的人才，还要关注人才的长远发展和转型潜力。此类人才通常具有跨领域的综合能力，能够在不同的业务模块中灵活切换，推动整个单位的职能调整与创新。

对于事业单位来说，适配策略的核心是根据岗位特性与职能转型要求，对人才进行精准选拔和培养。适配的关键在于将人才的专业能力、经验背景与事业单位未来发展方向紧密结合。与此同时，考虑到职能转型过程中的不确定性，人才的多样化能力和灵活应变能力显得尤为重要。事业单位应当特别注重引进那些能够在多变的工作环境中迅速适应并有效应对挑战的复合型人才，这类人才不仅能够在当前的工作岗位上发挥作用，还能随着事业单位职能的转型，逐步承担起新的责任与任务。

为了实现职能转型，事业单位还应注重人才的后续培养与能力提升。这不仅是从外部引进高端人才，还包括通过内部人才的培养与激励机制，提高员工的综合素质和应变能力。在职能转型过程中，事业单位需要鼓励员工不断更新知识结构，培养其创新能力和跨部门协作能力，激发其潜在的领导力和决策能力。通过科学的选拔与培训机制，事业单位不仅能够提升员工的整体素质，还能使员工在转型过程中找到自己的发展定位，促进组织内外的协同合作，确保单位整体目标的顺利实现。另外，事业单位在进行人才引进与转型对接时，应充分利用现代信息技术手段，优化人才选拔流程和管理机制。通过建立智能化的人才管理系统，事业单位可以更有效地识别和吸引那些具有战略眼光和创新潜力的优秀人才。利用数据分析和大数据平台，事业单位能够实时掌握人才的工作动态和发展趋势，为人才培养与职能转型提供决策依据。这种基于数据分析的引才和管理模式，将大大提高人才引进的效率和质量，确保引进的人才真正满足事业单位发展需求。

在实施人才引进策略与职能转型对接时，事业单位还需要注重企业文化的塑造与人才价值观的引导。事业单位的文化特色在某种程度上决定了员工的行为方式和组织认同感，而这种认同感对职能转型的顺利推进具有重要作用。在转型过程中，事业单位应积极倡导创新、协作和效率导向的文化氛围，使人才在这一环境中得到良好发展，充分发挥其优势和潜力。同时，组织也需要为人才提供足够的发展空间和挑战，确保他们在新的职能要求下能够不断突破自我，实现个人价值的提升与事业单位目标的对接。

人才的引进与职能转型的成功对接，不仅要求在短期内完成岗位的补充与能力的适配，还需要在长期发展中不断优化和完善。这要求事业单位在进行人才管理和职能布局时，始终保持高度的战略敏感性，实时评估转型过程中可能遇到的挑战和机遇，不断调整和完善人才政策，确保引进的人才与组织的长期发展战略保持一致。

事业单位在进行职能转型时，必须高度重视人才引进与职能需求之间的紧密对接。通过准确的岗位分析、科学的人才选拔、精准的培养机制与有效的激励措施，事业单位不仅能够确保职能转型的顺利进行，还能够在未来的发展中占据有利位置。引进人才不仅是为了解决当前的岗位需求，更重要的是为事业单位实现长期目标提供强有力的支持和保障。

第三节　人力资源支持职能转型的路径

一、战略性人力资源支持

在事业单位的职能转型与战略规划过程中，人力资源管理发挥着至关重要的作用。作为战略支持的核心组成部分，人力资源部门不仅需要承担传统的管理职能，还应深度参与事业单位的整体战略制定与转型推进，为事业单位的长远发展和转型目标的实现提供坚实的保障。人力资源管理的战略性参与，意味着人力资源不仅是执行和落实人事事务的职能部门，而且应转变为与组织整体战略密切相关的核心力量，确保组织各项变革措施的顺利落地和转型目标的达成。

事业单位在面临职能转型时，往往需要在多重内外部环境的变化中找到合适的发展路径。这一过程中，人力资源的战略性作用尤为突出。具体而言，人力资源部门应根据事业单位的发展方向与转型要求，设计并实施与之相适应的战略性人才发展计划。人才的发展不仅是满足当前岗位需求，更是为了长远的目标铺设基础。因此，制定与事业单位长远发展目标高度契合的人才发展规划，是实现转型和促进事业单位稳定发展的重要举措。通过科学的人才选拔、培养、激励和配置机制，可以确保事业单位在转型过程中保持持续的竞争力和创新活力。

在实际操作中，战略性人力资源支持的核心在于推动人才、文化与转型目标的深度融合。事业单位的职能转型往往意味着组织结构、工作方式、管理机制等方面的变革，这种变革不仅体现在硬件上的调整，更应在文化层面上形成新的认同和凝聚力。人力资源部门的责任是通过有效的文化建设与人才培养，确保转型的每一步都在员工的理解与认同中顺利实现。人力资源管理不仅要通过引进、培训等手段来提升员工的专业能力，还要帮助员工更好地理解转型的深远意义，增强他们对转型过程的支持度和参与度。

更为重要的是，人力资源管理的战略性支持要具备前瞻性和系统性。对于事业单位而言，未来的发展不仅是通过眼前的人力资源供给来满足短期需求，更要着眼于未来的人才储备和持续发展。在这一过程中，人力资源部门需要建立健全的人才评估体系，以便及时识别与事业单位战略目标相匹配的高潜力人才，并为其提供进一步的成长机会。随着组织的职能转型，人力资源的管理模式和策略也需进行调整，尤其是组织结构、绩效考核、激励机制等方面，都需要与战略目标同步进行优化。与此同时，事业单位的职能转型往往伴随着组织架构、工作内容和工作方式的重大变化。这种变化不仅需要新型人才的引进和现有员工的再培养，还需要在人力资源管理的各个环节实现深度的协同与融合。例如，在人员选拔过程中，除了传统的专业能力要求，还应注重人员在适应变化、创新性思维及团队协作等方面的综合能力，而在员工培训与发展上，则应侧重转型过程中员工心理适应与职业发展路径的指导，帮助其在转型中保持持续的动力和能力提升。

人力资源部门还应通过建立灵活有效的沟通机制，促进组织内部信息的流动与反馈，确保转型过程中员工的意见和建议及时反馈至决策层，进一步优化转型路径。这种上下级之间的良性互动，不仅能够有效提升员工的参与感与归属感，也能够为事业单位的转型目标提供更为精准的调整依据。此外，人力资源部门的战略性支持还应体现在对外部资源的整合与利用上。事业单位的职能转型不仅是内部调整的过程，还可能受到政策、市场、技术等外部因素的影响。因此，人力资源管理需要与外部人才市场、教育培训机构、行业协会等保持紧密的联系，借助外部资源的支持来提升事业单位的核心竞争力。通过积极引入先进的管理理念和技术，借鉴其他优秀事业单位的人力资源管理经验，事业单位能够更好地应对转型中的各种挑战，确保转型的成功实施。

人力资源的战略性支持不仅是一个单纯的行政管理任务，而且是与事业单位的整体战略紧密相关的长期性系统工程。在实施过程中，人力资源部门需要根据事业单位的战略需求，精准识别关键的人才需求，合理配置资源，并通过人才培养与激励机制，确保人才队伍的稳定性与专业性。通过这样的战略布局，事业单位能够在职能转型的过程中不断增强其内生动力，提升组织的执行力与创新力，最终实现转型目标，为事业单位的长远发展奠定坚实的基础。

二、组织架构与职能转型同步调整

在当前事业单位改革和发展过程中，组织架构与职能转型的同步调整成为推动各项工作的关键环节。事业单位作为承担公共服务职能的主体，其组织架构往往会受到政策变化、行业发展及社会需求的影响。为了更好地适应新时代的要求，事业单位需要根据职能转型的需要，对组织架构进行科学优化，以确保人力资源的配置与事业单位的业务发展方向紧密相连。组织架构的调整不仅是行政管理的一项任务，更是提升工作效率、强化团队协作、实现战略目标的重要举措。

组织架构的调整与职能转型有着密切的内在联系。职能转型通常意味着事业单位要从原有的工作模式中脱离，适应新的管理要求与服务需求。这一过程不仅要求事业单位在职能层面有所变化，还需要在结构上进行深刻变革，以便充分发挥各个部门和岗位的职能作用。为此，事业单位在进行组织架构调整时，必须从整体战略出发，重新审视和优化各部门的职能划分与层级设置，进而实现职能转型的目标。有效的组织架构调整有助于形成更为高效、灵活的工作机制，从而推动职能转型的顺利实施。

组织架构的优化往往涉及多个层次的调整，主要包括工作流程的重构、层级管理的简化及岗位职责的重新划定。这些调整需要一个系统的规划，以确保在转型过程中，事业单位最大限度地提高人力资源的使用效率，并在确保业务连续性的同时，适应职能转型带来的新挑战。工作流程的重构是组织架构优化的一个重要方面，它可以通过梳理现有的工作环节和岗位之间的关系，找出瓶颈环节和冗余操作，提升工作效率和响应速度。简化层级管理有助于减少决策链条中的冗余环节，缩短信息传递的时间，提高决策的灵活性和执行的精准度。

岗位职责的调整，则是保证职能转型顺利推进的关键。在职能转型过程中，事业单位的原有岗位设置可能已不再适应新的需求。因此，适时调整岗位职责，明确岗位的核心任务，合理划分岗位职能，能够有效提高各部门的工作效率，减少职能重叠，避免资源浪费。岗位职责的明确划分有助于每一位员工清楚地了解自己在组织中的角色和责任，增强员工的工作动力和责任感，为职能转型的实现提供人力支持。

为了确保组织架构调整顺利实施，事业单位在进行改革时，必须高度重视人力资源的合理配置。人力资源是组织架构和职能转型成功与否的关键因素之一。在职能转型的过程中，事业单位需要审视现有的人力资源配置，识别人才结构上的优势与短板，进行有针对性的调整。例如，一些部门可能需要引进具有现代化管理能力的专业人才，另一些则可能需要增加具备技术创新能力的人员。此外，事业单位还应注重人才的培养与储备，特别是要关注领导层和核心岗位的能力建设，确保在职能转型过程中，有足够的人才支撑新的工作要求。

除了人力资源的配置问题，组织文化的适应性也是职能转型中的一个重要方面。事业单位在进行组织架构调整时，往往会面临原有工作方式与文化的挑战。如何在保障组织稳定性的前提下，引导员工接受新的组织架构与职能转型，成为改革成功的一个重要因素。因此，在调整组织架构时，事业单位应加强对员工的培训与思想引导，帮助员工理解改革的必要性与重要性，并提供足够的支持，帮助员工快速适应新角色和新任务，进而提高整体的工作效率。

事业单位的职能转型并非仅仅是对现有工作内容和岗位职责的调整，更是一个全方位的组织变革过程。在这个过程中，组织架构的优化调整是实现职能转型的必要条件。通过重构工作流程、简化层级管理、调整岗位职责及合理配置人力资源，事业单位可以在保证业务工作高效运作的同时，提升对外部环境变化的适应能力，确保在新的社会发展背景下，持续提供高质量的公共服务。因此，组织架构与职能转型的同步调整不仅是事业单位应对外部环境变化的战略选择，也是提高管理效率、推动创新、实现可持续发展的必然要求。

三、激励机制与转型驱动

在人力资源管理的框架下，激励机制的设计与实施对于事业单位职能转型的成功具有重要意义。由于社会环境不断变化及事业单位面临改革压力，传统的人力资源管理模式已无法适应新形势下的需求，亟须通过建立更加科学合理的激励机制，促进职能转型的顺利推进。这一转型不仅是职能结构的调整，更涉及组织内部人员的行为动机与工作态度的改变。因此，如何设计与实施激励机制，成为推动事业单位职能转型的重要一环。

运用激励机制的核心目的在于激发员工的工作积极性和创造力，使其在职能转型的过程中保持高度的投入感和成就感。现代激励理论表明，员工的工作动力不仅来源于外部的物质奖励，而且来自内在的职业认同和个人成长。为了确保激励机制真正发挥作用，事业单位应当着眼于激励手段的多元化和灵活性。通过完善的绩效考核体系和薪酬激励机制，结合职业晋升渠道的畅通，为员工提供广阔的发展空间，激发他们的创新活力和解决问题的能力。

绩效考核体系是激励机制的基石，它通过量化员工的工作表现，客观公正地评估员工的贡献和业绩。运用科学的绩效考核体系，不仅能对工作成果进行简单评估，还能对员工工作能力、职业素养及与组织目标一致性等多个维度进行综合考量。在事业单位职能转型的过程中，绩效考核体系的设计需要充分体现与转型目标的契合度。传统的考核方式往往侧重于静态的工作成绩，而转型期的事业单位应当更加注重员工在新任务、新职能下的适应能力、创新能力及团队合作精神。多角度的绩效评价体系能够真实反映员工在转型中的努力与成效，并激励他们更加积极地参与转型过程。

薪酬激励机制的作用则主要体现在物质层面，通过薪酬的调节作用调动员工的工作积极性。在传统事业单位中，薪酬往往偏重于基础工资和年终奖金的发放，与员工的个人贡献之间的联系较为松散。在职能转型的背景下，薪酬激励机制需要更加灵活和有针对性。对于参与转型工作并取得优异成绩的员工，事业单位应当提供具有竞争力的薪酬水平，以体现员工在转型过程中作出的贡献。同时，薪酬机制的设计要兼顾公平性与激励性，避免出现因薪酬差距过大或考核标准不明确而导致的员工情绪波动和工作积极性下降。因此，在转型期的事业单位中，薪酬机制不仅是对员工过去表现的奖励，更是对其未来潜力的激励。

除了物质激励外，职业晋升渠道的畅通是另一个重要的激励手段。在职能转型过程中，事业单位的组织架构往往会经历一定的调整和重构，新的职位需求和岗位职能的划分为员工提供了更多的晋升机会。一个明确且合理的晋升机制，可以增强员工对未来职业发展的预期，激发他们对新职位的追求与挑战。在这一过程中，事业单位应当建立起符合转型需求的晋升标准，打破过去单纯依据资历或年限的晋升模式，转而注重员工的能力、绩效与适应转型的能力。这种晋升机制不仅能激励员工在短期内提高自身工作表现，更能为事业单位长远发展培养出一批高素质的人才。

在职能转型的过程中，激励机制的实施不仅是一个简单的管理工具，更是企业文化的一部分。事业单位应当通过激励机制的建设，进一步强化员工对组织目标的认同感和归属感。转型往往意味着旧有模式的打破和新模式的建立，这一过程可能会引发部分员工的抗拒情绪，甚至产生不安和焦虑感。因此，事业单位在设计激励机制时，应当充分考虑员工的心理需求，适时给予员工心理上的支持与安慰。通过建设透明、公正的激励体系，员工能够清楚地看到自己的努力与付出得到相应的回报，逐渐形成积极向上的工作氛围。另外，激励机制的效果不仅体现在对员工个人的激励上，更重要的是能够通过员工的积极参与和创造性贡献，推动整个事业单位的职能转型。职能转型不仅要求员工具备一定的业务能力，还需要他们具备解决新问题、新挑战的创新思维和团队合作精神。因此，激励机制的设计要注重对员工创新能力的激励。通过设置创新奖励、团队奖励等多元化的激励方式，员工能够在转型过程中不断调整自己的工作策略，提升工作效率，为事业单位的发展提供源源不断的动力。

激励机制的成功实施离不开管理层的支持与参与。在职能转型的过程中，事业单位的领导者应当积极倡导并参与激励机制的设计和实施过程。领导者的行为和态度往往会直接影响激励机制的效果。只有当领导者身先士卒、以身作则，展现出对转型的高度重视和对员工的充分信任时，激励机制才能真正发挥其应有的作用。此外，领导者还应当在激励机制的设计上进行适当的调整，确保其与事业单位的整体战略和文化相契合，避免激励机制的执行出现偏差。

在激励机制的具体实施过程中，事业单位应当注重灵活性和动态调整。随着转型过程的深入，员工的需求和期待可能会发生变化，激励机制也应当根据实际情况进行相应的调整。通过定期的评估和反馈，事业单位能够及时了解激励机制的实际效果，并对其进行优化和改进。这种动态调整能够确保激励机制始终保持对员工的吸引力，激发员工持续不断地参与转型过程，为事业单位的持续发展提供强有力的支持。

激励机制作为事业单位职能转型的驱动力，扮演着至关重要的角色。通过构建科学的绩效考核体系、灵活的薪酬激励机制及畅通的职业晋升渠道，事业单位能够激发员工的创新动力和工作热情，有效促进职能转型的顺利进行。

第四节　人力资源与组织文化的融合

一、文化驱动的职能转型

在事业单位的职能转型过程中，文化的驱动作用显得尤为突出。作为一种无形的力量，组织文化不仅塑造了事业单位的氛围，也在转型的推进过程中产生了深远的影响。文化是事业单位适应外部环境变化和内部结构调整的重要纽带，其深刻的价值观和理念对员工行为、工作态度乃至整个组织的运作机制产生着巨大的影响。因此，理解并合理运用文化这一力量，能够为事业单位的职能转型提供强大的支撑，确保转型过程更加顺利且高效。

事业单位职能转型的核心在于从传统的管理模式、运作模式向现代化、专业化的服务模式转变。随着国家政策的变化、社会需求的多元化及技术的迅猛发展，事业单位不得不对其原有职能进行调整和优化。这一转型不仅是外部结构的重塑，更是组织内在文化和价值观的深刻变革。在这种大环境下，文化驱动的职能转型成为推动组织发展的关键因素。

文化的力量在职能转型过程中首先体现在价值观的引领作用上。每一个事业单位都有其独特的文化背景，这种文化背景不仅体现在单位的历史传统中，也体现在其工作方式、管理模式及员工的行为规范上。事业单位职能转型要求员工在新环境下对新的工作目标和方式产生认同，而这一认同的产生，往往依赖文化的传递与融入。通过文化的引导，事业单位可以塑造一种共同的价值观念，员工能够从内心深处认同组织的转型目标和方向，并在这一基础上调整自己的工作方式和态度。与此同时，文化建设在促进职能转型方面的作用不可忽视。许多事业单位在转型初期，由于文化与职能的脱节，往往面临着较大的转型阻力。这种阻力并非来自技术或管理手段的局限，而是源于员工对新职能的认同感缺失。在这种情况下，强化文化建设成为一种必要的手段。事业单位应通过多种途径和方式，向员工传达转型背后的深层价值，并通过组织内部的文化活动、培训课程等，增强员工对转型过程的理解与参与感。这不仅是对员工认知的引导，更是对他们情感的调动，使员工在文化的引领下，能够顺利地完成从传统职能向新职能的转变。

文化在推动职能转型时的另一个重要作用是破除传统思维的局限。许多事业单位的员工在长期的工作中，已经习惯了既定的工作方式和模式。对于这些员工来说，职能转型往往意味着不确定和不适应，甚至可能带来恐惧和抵触。尤其是在面对职能重组和岗位调整时，员工的抵触心理和固有思维方式可能成为转型的巨大障碍，而文化正是在这一过程中发挥着“润物细无声”的作用。通过文化的逐步渗透，事业单位能够激发员工对变革的开放心态，帮助他们打破传统的思维框架，鼓励他们接纳新的工作方式，最终促使员工自然地适应职能转型的变化。

在职能转型的过程中，文化的融合还能够促进不同部门和岗位之间的协同工作。随着组织结构的调整和职能的重新分配，事业单位内部可能会出现不同职能部门之间的利益冲突和协作难题。在这种情况下，文化作为一种纽带，能够在不同部门之间建立共同的价值认同与合作机制。尤其是在跨部门合作和信息共享的场景下，文化的引导作用显得尤为重要。通过文化的统一，事业单位能够有效地减少职能转型带来的内部摩擦，提升组织整体的运作效率，确保各项职能无缝对接，实现转型目标。文化驱动的职能转型还有助于提升员工的工作积极性和创新能力。在职能转型的过程中，员工的主观能动性往往是能否成功转型的关键因素，而文化则通过塑造一种积极向上的工作氛围，激发员工的创造力和参与感。事业单位可以通过文化建设，倡导创新、包容和开放的精神，使员工在新的工作环境中主动提出问题并寻求解决方案，为事业单位的转型注入源源不断的创新活力。文化的支持能够让员工感受到组织对他们的重视和关怀，激励他们在转型过程中积极参与，真正成为转型的推动者和执行者。

文化驱动的职能转型不仅是一个理念层面的抽象讨论，它在实际操作中具有重要的战略意义。事业单位在面对职能转型时，应当充分认识文化的核心作用，将文化建设作为职能转型的重要组成部分。通过强化文化建设，传播价值观念，融合不同文化元素，事业单位能够有效地克服转型过程中遇到的各种困难，提升转型的成功率与效率。同时，文化的力量也能够为事业单位的转型提供更加深远的支持，确保组织在不断变化的环境中保持其生命力和创新能力。

二、跨部门协作与文化整合

在事业单位职能转型的过程中，跨部门协作与文化整合是推动转型成功的关键因素之一。职能转型不仅是一个组织结构和流程的调整，更是对文化的认同与价值观念的重塑。由于组织环境的不断变化，部门之间的沟通与协作变得尤为重要，因为不同部门往往承载着不同的职能与使命，而这些职能与使命的交汇点正是跨部门协作的核心所在。

在职能转型的初期，部门之间的协作常常面临诸多挑战。传统的职能划分往往导致部门之间的信息壁垒和目标冲突，影响到工作的协调与执行。为了打破这种局面，事业单位的管理层需要采取有效的策略促进部门之间的沟通与协作，特别是在职能转型的关键节点。人力资源部门在这一过程中扮演着至关重要的角色。作为组织中协调各类资源与人力的部门，人力资源部门需要通过多种方式帮助不同部门建立起高效的协作机制，并通过组织跨部门的团队建设活动促进各部门的互动与沟通。

组织跨部门团队建设活动的意义在于通过设立共同的目标，减少部门间的隔阂与竞争，增加不同职能部门的协作意识。这种团队建设不是形式上的工作安排，而是要通过实际的合作项目、跨部门的任务执行及共享资源等方式，激发员工的共同责任感。通过这种深度合作，团队成员能够在实践中相互理解、协作，进而形成一种跨部门的合作文化。这种文化不仅有助于任务的共同完成，更能在工作过程中逐步形成互信与支持，成为一种事业单位运营的内在驱动力。仅仅依靠团队建设活动并不足以完全解决部门之间的沟通障碍。事业单位的职能转型需要不断强化不同部门间的文化整合。文化整合是一个复杂的过程，涉及不同部门的工作方式、价值观念及沟通风格等方面的融合。在传统的行政体制下，部门的文化可能具有较强的独立性和封闭性，这种文化的独立性在转型过程中容易导致不同部门的工作方式无法有效对接，进而影响整个转型进程的顺利推进。因此，在职能转型的过程中，组织文化的整合变得尤为重要。

人力资源部门可以通过一系列文化活动、工作坊及定期的沟通交流会议，促进部门之间的文化认同。文化活动不仅限于节庆或娱乐性质的活动，更应包括一些能够引发深度思考和讨论的内容，例如组织有关转型的主题讨论会、经验分享会等。通过这种方式，不同部门的员工可以从交流与碰撞中，认识到彼此文化的差异性与共性，为文化整合奠定基础。工作坊也可以帮助员工在实践中进一步了解不同部门的运作模式，尤其是在解决实际问题时，不同部门的合作能够促使员工体验跨部门协作的重要性与价值。

在文化整合的过程中，领导层的作用不容忽视。领导不仅要在战略上指导跨部门协作，更应通过言传身教，塑造适应职能转型的文化氛围。领导层的价值观和行为模式在一定程度上决定了组织文化的方向和内涵，尤其是在职能转型期间，领导者的决策与行为会直接影响文化整合的速度与深度。如果领导层能够积极倡导跨部门协作与文化融合，并在实际工作中给予各部门充分的支持与鼓励，那么部门之间的协作就能顺利进行，文化整合也会更加顺利。

跨部门的文化整合并不是一朝一夕的任务，它需要在长期的实践过程中不断积累与完善。在职能转型的过程中，组织必须逐步建立起一套适应新的工作要求和目标的文化体系。这种文化体系不仅包括工作方式、行为规范和价值观的整合，还应关注员工的心理认同与行为习惯的逐步转变。跨部门的协作与文化整合是一个不断磨合与发展的过程，只有通过持续的努力，才能在转型过程中形成一套适应新环境的、具有凝聚力的文化氛围。

跨部门协作与文化整合的成功与否，直接关系到职能转型的成效。如果部门之间的协作不畅，文化认同不强，那么职能转型就很可能陷入困境，导致目标无法实现，甚至可能出现组织内部的矛盾与冲突。因此，事业单位在职能转型过程中，应高度重视跨部门协作与文化整合，确保各部门在转型过程中共同发力，协同推动组织的变革与发展。通过合理的部门协作机制与深度的文化整合，事业单位能够在职能转型的过程中保持内外部的稳定性与创新性，为未来的可持续发展奠定坚实的基础。

第四章　事业单位人力资源转型的挑战

随着事业单位职能转型的不断推进，人力资源管理面临的挑战也逐渐显现。人才短缺与流动问题是许多事业单位亟待解决的问题。特别是在转型期，吸引和留住优秀人才，成为转型成功的关键。薪酬激励机制的适配问题则表现为传统的薪酬体系难以与新的职能要求匹配，如何设计更加科学、合理的薪酬激励体系，成为提高员工积极性和工作效率的核心。绩效考核与评价体系的适用性也是一大挑战，现有的绩效考核机制往往偏重于过程管理，忽视了职能转型中对创新与效率的要求。此外，领导力与管理风格的适应性问题也不容忽视，转型过程中，领导者的决策风格和管理思维需要适应新的形势。人力资源转型的问题需要各级管理者在实践中不断分析和解决，推动事业单位的职能转型策略顺利实施。

第一节　人才短缺与流动问题

一、人才短缺的现实困境

事业单位在近年来经历了职能的深刻转型，这一转型的核心目标是提升公共服务效率、优化资源配置、强化社会责任。随着这些职能的不断变化和调整，传统岗位的需求逐渐减少，新兴岗位的需求日益增多，这使事业单位面临着前所未有的人才短缺问题。特别是在高端专业领域，这一问题尤为突出，严重制约了事业单位在推动业务发展、促进创新及提升服务质量方面的能力。

随着社会需求和技术发展的变化，事业单位的职能逐渐发生了结构性转型。例如，传统的服务型岗位如行政、文秘等逐渐被精简，而以信息化、数据分析、创新管理等为核心的新兴岗位则显得愈发重要。尽管这些新岗位能有效推动事业单位的现代化进程，但其要求较高的专业能力、技术背景及跨学科的知识储备，现有的人才供给体系无法迅速满足该需求。这一现象在一些特殊领域表现得尤为明显，尤其是涉及新兴科技、现代管理和复杂决策的领域。

事业单位对高端专业人才的需求日益增加，然而现实却是这些高端人才供给严重不足。随着行业竞争的加剧和人才供给的紧张，事业单位尤其是那些需要进行技术创新、市场开拓及跨领域协作的部门，发现自己在吸引和留住高端人才方面面临巨大挑战。相较于企业，事业单位由于其相对稳定的薪酬体系和工作环境，往往难以与市场上薪资待遇更高、发展前景更加广阔的私营企业竞争，这导致许多有潜力的高端人才选择离开，加剧了人才的流失。与此同时，一些新兴领域对人才的要求也逐步提升，而现有的教育体系与培训模式未能及时适应这些变化，导致人才培养和市场需求之间的矛盾日益突出。

人才短缺的困境不仅体现在数量上的不足，更深层次的问题是质的差距。事业单位所需的高端人才往往不仅要具备扎实的专业知识，还需要在跨学科领域拥有较强的综合能力。许多事业单位基础岗位人才严重短缺的同时，高级管理人员、专业技术人员及创新型人才的匮乏则更加凸显。由于事业单位在人才引进、招聘和激励机制使用上相对滞后，往往很难吸引具备高端技术能力和前瞻性思维的人才，在面对业务复杂化、技术创新和管理转型等多方面挑战时，缺乏足够的技术支持和智力支持。

从另一个角度来看，人才短缺问题的加剧，必然会影响事业单位的整体运作效率和业务发展。对于许多事业单位，尤其是一些面临重大改革和新兴发展项目的事业单位而言，缺乏合适的人才意味着无法完成复杂的任务和项目，甚至可能影响事业单位的战略目标实现。例如，某些高技术含量的公共服务或科研项目，由于缺乏相关领域的专业人才，可能拖延项目进展，甚至可能导致项目的失败。这种情况不仅影响事业单位的形象，还可能引发公众和社会的广泛关注与质疑，影响事业单位的整体声誉和公信力。此外，人才短缺还可能对事业单位的创新能力产生严重制约。创新是推动事业单位发展的核心动力之一，而创新的前提是拥有充足的高素质人才。在人才匮乏的背景下，事业单位往往只能依赖现有的人员配置和资源，而这无法满足日益增长的创新需求。随着竞争的加剧，创新能力的缺失将直接导致事业单位在行业中被边缘化，失去领先优势。

人才短缺不仅在事业单位自身发展方面产生深远影响，还可能间接影响其社会服务的质量与效率。随着人力资源供给不足，事业单位的服务水平可能出现波动，尤其是在一些关键领域和紧急项目中，人手不足或技术支持不够，可能导致服务质量下降，甚至影响民众的生活质量。例如，在公共卫生、教育等直接关系民众福祉的领域，人才的短缺会直接影响服务的及时性和准确性，导致民众不满和信任危机。

从更广泛的层面来看，事业单位的竞争力与其人才储备紧密相关。在信息化、全球化背景下，人才已经成为事业单位在竞争中能否脱颖而出的关键因素。无论是在提供公共服务、开展科研项目还是推动社会发展方面，事业单位的成功与否都取决于其人才队伍的质量和水平。因此，人才短缺，尤其是高端人才短缺，已经成为事业单位亟待解决的现实问题。

事业单位面临的这一困境，背后深层次的原因不仅是短期内人才供需的失衡，更是人才培养机制不健全、激励机制吸引力不足及招聘政策滞后等系统性问题。

这些问题的存在使事业单位在不断变化的环境中，难以有效地吸纳所需的人才，影响其战略发展和社会服务能力。因此，解决事业单位人才短缺问题，必须从完善人才培养体系、优化招聘政策、提升事业单位吸引力等多方面着手，以更好地应对未来发展中面临的各种挑战。

二、人才流动性增大

在当前复杂的社会经济环境下，事业单位面临的人才流动问题愈发突出，且随着社会竞争的加剧，薪酬与福利待遇的差异成为决定人才去留的重要因素。近年来，随着外部市场经济形势的不断变化，尤其是事业单位与企业界在薪酬、福利、职业发展机会等方面的差距日益扩大，越来越多的事业单位员工选择离开这些相对封闭、稳定的单位，转向薪资更为丰厚且具备更大发展潜力的企业或其他领域。这一现象无疑给事业单位的运转和发展带来了前所未有的挑战。

事业单位的特点决定了其在人员流动方面的某些特殊性。首先，绝大多数事业单位的薪酬水平和福利待遇相较于企业往往不具备竞争力，尤其是对高端人才和技术型人才而言，事业单位的吸引力较为有限。长期以来，事业单位的薪酬制度相对滞后，导致大量人才在工作几年后选择离开，寻找更高的薪酬和更好的职业发展机会。此外，尽管许多事业单位在工作稳定性和职业保障方面具备优势，但这种相对稳定的工作环境在许多年轻人眼中却变得乏味和缺乏挑战，进而提高了人才的流动性。

频繁的人才流动不单是一个简单的人员更替问题，实际上它涉及知识和经验的流失，尤其是在那些对技术要求较高或专业性较强的事业单位中更为显著。人才的流动意味着大量积累的工作经验、专业知识、管理技能和实践智慧的流失，这直接影响事业单位的知识传承和业务延续性。对于许多事业单位来说，长期积累的专业技术和管理经验并不能通过短期培训或新人替代迅速弥补，这种情况往往导致新进员工需要更长的适应期，进一步影响工作的效率和质量。频繁的人才流动还对团队的稳定性和凝聚力造成了严重影响。事业单位通常更注重团队协作和内部资源的共享，当核心员工频繁离职时，团队合作的默契和信任也会遭到破坏。团队成员间的相互支持和协同工作会受到影响，长期下来可能导致工作氛围的冷淡，员工之间的协作意愿下降。尤其是在一些重视集体合作的事业单位，频繁的人才流动可能会削弱原有的团队文化，使团队成员在面对复杂任务和挑战时缺乏足够的信心和动力。

对于事业单位管理者而言，人才流动不单是一个人事管理的问题，更是战略规划中的一个重大挑战。人才的频繁更替使管理者在资源配置和长期发展战略的实施上面临不小的压力。事业单位通常依赖较为固定的人员结构和稳定的内部环境来支持日常运营和长远发展。持续的人才流动意味着管理层需要不断调整资源分配，并且加强招聘与培训工作，这无疑会增加管理成本，并且可能导致事业单位的战略实施步伐放缓。更为严重的是，随着人才流动性的增强，事业单位可能会错失一些关键岗位的持续发展机会，影响到关键领域的战略推进。

这种流动性的增强不仅在短期内造成了事业单位的人力资源浪费，长期来看还可能使事业单位在外部环境的竞争中处于不利地位。高素质人才的流失可能导致事业单位在技术创新、服务质量、管理水平等方面的滞后，从而影响其社会服务职能的有效履行。尤其是在一些与民生密切相关的事业单位中，人员的频繁流动可能导致服务质量的下降，进而影响公众对事业单位的信任和支持，这对于事业单位的社会责任和形象构成了巨大压力。

与此同时，事业单位的管理体制和人员结构也在很大程度上影响了人才的流动。由于许多事业单位的管理机制相对僵化，缺乏灵活的晋升和激励机制，员工的职业发展空间有限。这种封闭的职业晋升路径往往使许多优秀的中高层人才失去继续留在事业单位的意愿，选择到其他领域寻找更多发展机会。虽然某些事业单位可能会通过内部调整或人才引进来缓解这一问题，但若缺乏足够的外部竞争力和市场吸引力，依然难以有效留住人才。因此，人才流动性增强的问题，不仅是外部市场变化的结果，更是事业单位内部发展机制和外部环境相互作用的必然产物。对于事业单位而言，如何在保持工作稳定性的同时提供足够的职业发展空间，如何优化薪酬福利体系以提升对人才的吸引力，如何改进内部管理结构以适应日益激烈的人才竞争，都是当前亟待解决的重要问题。只有在这些方面取得突破，才能有效缓解人才流动性增强的困境，为事业单位的可持续发展提供坚实的人力支持。

三、人才吸引与留存的困境

在当今激烈的市场竞争中，事业单位在人才的吸引与留存方面面临着显著的挑战。虽然事业单位通常能够为员工提供稳定的职业保障和相对较高的社会声誉，但在薪酬待遇、职业发展机会、工作环境等多个维度的竞争力上，往往无法与私营企业及其他灵活性更强的领域相抗衡。这一劣势使事业单位在吸引高素质人才方面的难度加大，再加上优秀员工的流失，无疑给事业单位的长期发展和组织建设带来不利影响。

事业单位在招聘过程中面临的最大困境之一是薪酬体系不具备市场竞争力。尽管事业单位可以提供稳定的职业路径和社会保障，但与私营企业尤其是科技、金融等高收入行业相比，薪资待遇往往偏低。这一差距不仅影响事业单位对初级和中高级人才的吸引力，还直接影响人才的忠诚度和工作满意度。尤其是那些具备较高学历和丰富经验的专业人才，在面对市场中更多高薪机会的诱惑时，往往会选择跳槽，导致事业单位在人才的稳定性方面出现明显短板。事业单位提供的职业发展空间也常常受到外界的质疑。在许多事业单位中，晋升渠道相对封闭，职务晋升的空间有限，员工的职业发展难以满足他们的期望。对于那些有志向实现更高职业目标的人才而言，事业单位缺乏灵活多样的职业发展路径和足够的晋升机会，导致他们对工作的热情和投入度持续下降。特别是在现代社会，许多年轻人追求更大的自主性和创新空间，在这些方面，事业单位的传统管理模式和工作流程显得较为僵化，不利于吸引渴望发展与挑战的高素质人才。

工作内容的挑战性与多样性也是决定事业单位对人才的吸引力大小的关键因素之一。在当前的社会背景下，许多年轻人追求的是充满挑战性和创造力的工作环境。相比之下，事业单位的工作内容往往较为单一、固定，缺乏足够的创新性和发展潜力。即便某些岗位提供了一定的社会贡献感，但由于缺乏足够的业务创新和挑战性，员工很难在短期内获得快速成长和成就感。这种工作模式不仅无法满足人才的自我价值实现需求，也导致一些具有较高工作能力的人才感到职业发展上的局限性，进而选择转向外部环境寻求更多的机会和挑战。

事业单位要想解决这些问题，必须采取一系列积极的改革与调整措施。事业单位应当优化薪酬体系，使其能够在市场中具备一定的竞争力。在薪酬设置上，应参考行业标准和市场变化，适当提高薪酬水平，尤其是在高技能、高学历和高经验的岗位上，保证对优秀人才的吸引力。事业单位还需要在薪酬结构上进行灵活调整，采取绩效考核与奖励机制相结合的方式，激励员工的工作积极性，增强他们对事业单位的认同感和归属感。

事业单位应当在员工的职业发展路径上提供更多的选择和空间。应加大在内部培训和员工职业发展方面的投入，打造具有挑战性和发展潜力的岗位，提供定期的职业发展规划和辅导，使员工在事业单位内实现自我价值的提升。晋升机制应该更加开放和透明，避免晋升制度过于僵化，通过多维度评估体系为有能力、有潜力的员工提供晋升机会，激励他们在岗位上长期稳定地发挥作用。事业单位还应注重改善工作环境，特别是增强工作内容的多样性和创新性。为了更好地吸引具有创造力和技术能力的优秀人才，事业单位应加强与行业的交流合作，引入先进的技术手段与创新理念，创造充满活力和创意的工作环境。通过开展跨部门合作、项目化管理等方式，增加工作内容的多样性和挑战性，员工能够在不同的岗位和任务中获得更多的学习机会和发展空间，提升他们的工作兴趣和参与感。

更为重要的是，事业单位应当重视员工的心理健康和福利保障。虽然事业单位在社会保障方面具有一定优势，但在员工心理关怀和福利待遇方面仍需进一步改善。定期的心理疏导与职业健康支持体系不仅能帮助员工缓解压力、保持积极的工作态度，还能增强他们对事业单位的认同和依赖。事业单位应当注重构建积极的企业文化，创造互相尊重、合作共赢的工作氛围，提高员工的整体幸福感和满意度，减少人员流失。

事业单位在吸引和留住人才方面的困难，主要由薪酬待遇的差距、职业发展空间的局限、工作内容的挑战性不足及工作环境的相对单一等因素导致。为了有效应对这一问题，事业单位应在薪酬福利、职业发展、工作内容的创新性与挑战性、员工福利等方面进行综合改革和优化。通过一系列的调整和改进，事业单位不仅能够更好地吸引高素质人才，还能留住现有员工，实现组织的长远发展和稳定运营。

第二节　薪酬激励机制的适配问题

一、传统绩效考核方式的局限性

传统绩效考核方式在许多事业单位中已经存在多年，虽然在一定程度上能够量化工作成果和表现，但这种单一的评价体系存在诸多局限性。特别是在当前事业单位职能转型和社会环境快速变化的背景下，传统的绩效考核方式已显得捉襟见肘，无法适应新的工作需求和组织变革。传统的绩效考核往往重视定量指标，诸如工作时长、完成的任务数量等，这些指标虽然便于量化评估，但忽略了员工创新能力、工作质量、团队合作表现等更为重要的软性指标。在现代事业单位的运转中，这些非量化的因素在评估员工的综合素质和贡献方面起着至关重要的作用。

传统的绩效考核方式强调的是可量化的工作输出，如完成任务的数量或工作时长，这类指标往往难以体现员工在工作中的实际创造力和解决问题的能力。在很多岗位上，员工的价值不仅体现在完成任务的数量上，更应当体现在其工作质量、创新思维及对工作流程的优化等方面。例如，在事业单位职能转型的过程中，很多员工开始承担更多跨领域、跨职能的工作任务，这要求员工灵活应对新的工作内容，并且展示较强的适应能力和创新意识。传统绩效考核体系忽视了这些变化，仍然将任务量和工作时长作为主要考核依据，无法全面反映员工的综合能力和对事业单位发展的贡献。

传统考核体系过于注重个人的独立表现，忽略了团队协作和集体智慧的重要性。在许多事业单位的工作环境中，在复杂的行政和服务型岗位上，团队协作和部门间的配合显得尤为重要。员工个体的工作表现虽然是绩效考核的一项内容，但不能完全反映其在集体中的作用和对整体目标的贡献。传统的考核体系往往侧重于个人完成任务的能力，忽视了员工在团队中的协作能力和互助精神。随着事业单位的职能转型，团队合作的需求愈加迫切，单纯的个人表现评价已经无法满足需求。因此，在新的组织环境下，绩效考核应当更加注重团队协作能力、沟通能力及跨部门协作的效果等方面，全面考察员工的综合素质。

传统绩效考核过于静态，缺乏对员工适应性和创新能力的动态评价。在事业单位的日常运转中，随着政策的调整、环境的变化及技术的进步，工作内容和工作模式常常需要随时调整。员工能否快速适应这些变化，能否提出切实可行的创新方案，已成为衡量员工价值的重要标准。传统的绩效考核体系在很多情况下依赖固定的考核标准和方法，无法及时适应新的考核需求。尤其是对一些需要较强创新能力和应变能力的岗位，传统的考核体系往往难以衡量员工在面对不确定性和复杂问题时的表现。为了更好地应对事业单位的职能转型，绩效考核体系需要加入对创新思维、解决问题能力及快速适应新变化能力的评价维度，从而更准确地反映员工在复杂环境中的表现。

传统绩效考核体系的另一大缺陷是其过于注重对短期成果的评估，忽略了员工长期发展的潜力和成长空间。事业单位的目标不仅是完成眼前的任务和指标，更需要考虑员工的长期发展和事业单位的可持续发展。因此，单纯依赖短期目标和绩效结果来评价员工，容易忽视员工在职业生涯中的成长轨迹和长远价值。在实际操作中，许多事业单位的员工往往面临繁重的工作任务和短期目标的压力，难有足够的时间和空间去提升自我，发展新的技能和能力，而传统绩效考核体系往往仅仅聚焦于短期内可量化的成果，忽略了员工在长远目标上的贡献。因此，事业单位应当通过多元化的考核方式，综合评估员工的成长潜力、学习能力及对单位长期发展的贡献。

针对这些局限，事业单位亟须对传统绩效考核体系进行优化和创新。首先，考核指标应当更加全面，除了工作量、工作时长等定量指标外，还应加入创新能力、团队协作表现、适应性等软性指标，全面评估员工的综合能力。其次，绩效考核的方式应当更加灵活和动态，能够及时调整考核标准和内容，以应对组织职能转型过程中出现的新挑战和新需求。比如，可以在绩效考核中加入对员工适应新岗位、新技术的能力评估，突出对员工创新性和灵活性的重视。再者，考核的评价维度应当更加多元化，不仅关注个人业绩，还要注重团队协作表现和对集体的贡献。通过引入团队绩效考核，能够更加全面地评价员工在集体中的作用和价值。此外，事业单位还应当逐步建立以长期发展为导向的绩效考核机制，关注员工的职业成长和能力提升，鼓励员工不断追求卓越。通过设定合理的长期发展目标，并在考核中给予适当的权重，能够激发员工的潜力，推动其在职场中不断进步，为事业单位的可持续发展提供坚实的人才保障。

传统绩效考核方式虽然在一定时期发挥了作用，但随着事业单位的职能转型和社会环境的变化，其局限性已经逐渐显现。在新的时代背景下，事业单位需要优化和创新绩效考核体系，全面评估员工的综合能力，以适应职能转型的需求，推动组织的长远发展。这不仅是对员工个人价值的认可，更是对事业单位可持续发展的重要保障。

二、评价体系与职能转型脱节

随着社会和经济环境的变化，事业单位的职能转型成为一种必然趋势。这一转型不仅涉及组织结构和业务流程的调整，还对内部管理体系，特别是绩效评价体系提出了新的要求。现有的绩效评价体系往往无法与事业单位职能转型相适应，这种不匹配的现象在一定程度上削弱了绩效管理的效果，影响了员工的工作动力和职业发展。事业单位在进行职能转型的同时，必须重新审视现有的绩效评价体系，确保其有效评估员工在新岗位上的表现，促进组织目标的实现。

绩效评价体系通常是根据组织的既定职能和目标设定的，传统的评价方式往往基于员工的工作内容、工作量和工作质量等指标设定。当事业单位的职能发生转型时，新的岗位职责和技能要求往往与原有的评价标准存在较大的差距。这种情况使原有的绩效考核体系难以准确反映员工在新岗位上的工作表现，尤其是当新的职能要求较为复杂或跨领域时，传统的绩效考核标准显得尤为片面。例如，在事业单位进行数字化转型后，原本专注于行政管理的岗位，可能需要更多的技术支持和数据分析能力，而这些新的技能和任务往往无法在旧有的绩效考核体系中得到有效体现。因此，原有的评价方式很难真实反映员工的实际贡献和能力水平，评价结果的失真会影响员工对自身工作的认知，进而影响员工的职业发展和工作满意度。

同时，现有的绩效评价体系在面对职能转型时，往往难以充分考虑新岗位的多样性和复杂性。新的职能岗位可能要求员工具备跨部门协作能力、创新能力或者是更强的工作适应能力。这些新兴的能力要求往往难以用传统的单一维度来评估，而现有的评价体系更多地侧重于员工的日常工作完成情况、定期任务的完成度等。这种单一的评价标准往往不能全面、客观地衡量员工在职能转型中的适应能力与创新贡献，也容易造成员工在适应新岗位的过程中无法获得足够的认同和激励。

绩效考核体系与职能转型的脱节，可能导致员工对新职能岗位的投入和积极性降低。员工在面对新的工作任务和挑战时，如果未能从绩效评价中获得相应的认可和激励，可能会感到不公平或失望，进而影响工作热情和创新动力。尤其是在职能转型过程中，事业单位需要快速培养一批具有新能力和多职能的复合型人才。如果绩效评价不能及时体现这些新能力的要求，那么将直接影响员工对新岗位的适应和技能提升，甚至可能造成员工流失或人才的浪费。

为了应对这一挑战，事业单位需要对现有的绩效评价体系进行重新设计和优化。首先，必须从职能转型的核心需求出发，明确胜任新岗位所需的能力和素质，建立起与新职能匹配的评价指标体系。新的绩效考核体系应当注重多维度的评估，涵盖岗位职责、工作表现、创新能力、团队协作等方面，确保全面反映员工的综合素质和贡献。在这一过程中，不仅要关注员工的工作结果，还要考量其在新环境中的适应能力、学习能力和跨部门协作的表现，帮助员工更好地定位自己在新职能岗位中的角色和价值。

绩效评价指标应当具有动态性和灵活性，能够随着职能转型的进程和外部环境的变化进行适时调整。事业单位在进行职能转型时，可能面临着新的挑战和机遇，这就要求绩效评价体系与时俱进，及时修订和更新评估标准。例如，随着科技的进步和业务模式的变化，数据分析能力、技术创新能力等因素可能成为新的绩效考核重点，绩效体系必须对这些变化进行及时响应，确保准确反映员工的工作贡献。事业单位还应当加强对绩效评价结果的反馈与应用，确保评价结果真正对员工的职业发展起到促进作用。评价结果不仅是员工晋升或薪酬调整的依据，更是帮助员工发现自身优势与不足、提高工作绩效的重要工具。通过定期的绩效反馈和辅导，事业单位能够帮助员工更好地理解新的职能要求，并在不断实践中提升自身的能力和素质。

事业单位职能转型成功与否，直接影响着组织的运营效率和社会服务能力。为了确保职能转型的顺利推进，事业单位必须在完善内部管理体系的同时，调整和优化绩效评价体系，使其能够准确反映职能转型后的需求和目标。这需要深入分析职能转型的具体内容与员工岗位的转变，结合实际情况进行灵活调整，确保员工在新的岗位上得到充分支持和激励。只有运用科学合理的绩效评价体系，事业单位才能够在职能转型的过程中有效提升员工的工作动力与能力水平，推动整个组织的健康发展和目标实现。

第三节　绩效考核与评价体系的适用性问题

一、传统绩效考核方式的局限性

传统的绩效考核往往建立在定量化指标的基础上，如工作时长、完成任务的数量、生产效率等，这些指标在一定程度上可以反映员工的工作输出与日常表现。单纯依赖这些硬性指标的考核方法存在明显的局限性，无法全面评估员工在实际工作中展现出来的综合能力与潜力，尤其是在事业单位职能转型的背景下，这些传统的考核方式更不适用。事业单位在职能调整、组织结构变动及工作目标更新等多方面发生变化的过程中，员工的角色与职责也随之转型，传统的绩效评估体系无法及时捕捉这些变化带来的新要求与新挑战，导致绩效考核与实际工作需求脱节，无法有效激发员工的创造力与工作热情。

传统的绩效考核方式在一定程度上存在过于简化的倾向。运用单一的定量指标进行评价，虽然能够快速、直观地反映员工的工作量，但忽视了对员工工作质量、创新能力、问题解决能力及团队协作能力等软性能力的评价。对于大多数事业单位而言，创新、适应性和团队协作已经成为衡量员工价值的核心要素，但这些维度却难以通过简单的量化指标进行有效衡量。比如，在一些涉及科研创新、社会服务、教育培训等领域的事业单位中，员工的创新思维和解决复杂问题的能力往往比单纯的工作时长或完成任务数量更为重要。传统考核模式通常不能充分体现这一点，员工可能在创新或解决复杂问题方面表现突出，但因考核指标的局限性未能得到应有的肯定，而且可能得到不公平的评价，影响其工作积极性。

传统的绩效考核方式对员工的成长和职业发展缺乏足够的关注。在现代职场中，员工不仅是完成规定任务的“执行者”，他们更是不断发展、提升和自我完善的个体。在事业单位职能转型的过程中，员工的职责逐渐向更具挑战性和战略性转变，例如需要更多地参与事业单位的制度建设、创新活动或是团队协作。传统绩效考核模式中的定量标准并未考虑到这些变化，未能在评价过程中充分体现员工在工作中的多维度表现。尤其是对于那些刚刚经历职能转型的事业单位，如何培养员工的创新精神、提升其跨部门协作的能力，成为管理者亟待解决的问题。如果沿用过时的考核标准，不仅难以激发员工潜力，还可能使员工在面对新的职责和要求时感到迷茫与不适应，影响他们的职业发展方向和事业单位的整体绩效。另外，传统的绩效考核方式往往忽略了员工个人与团队之间的协同效应。事业单位通常强调集体工作与协作精神，这种协作不仅是在完成具体任务时的相互支持，还包括在日常工作中通过沟通与信息共享来实现整体工作的高效推进。传统考核方式过于关注个体表现，容易导致员工的竞争与孤立现象，降低了团队协作的整体效率。在这种情况下，员工更倾向于关注个人任务的完成与绩效，而非全局目标的达成与团队合作能力的增强。这种过度聚焦个人绩效的绩效考核方式，不仅难以提升团队的整体协作能力，还可能在组织文化建设上造成负面影响。

传统的绩效考核方式的另一个不足之处在于其评估结果的片面性。多数传统的绩效管理体系侧重于对过去工作业绩的回顾，缺乏对员工未来潜力的预测与培养。在事业单位职能转型的过程中，工作重点往往会发生较大的变化，这就要求员工具备一定的适应能力与发展潜力，能够应对新的挑战并完成新的工作任务。传统的绩效考核方式往往只关注员工的短期表现，忽视了对员工长期发展的考量。例如，对于一些有潜力但暂时未能完全发挥的员工，传统的绩效考核方式可能未有足够的机会去发现和培养他们的潜力，而这一点在事业单位的职能转型过程中显得尤为重要。职能转型意味着事业单位的需求发生了变化，员工不仅要面对新的工作内容，还要适应新的工作方式和组织结构，因此，考核体系必须具备前瞻性，能够识别和培养员工的长期发展潜力。传统的绩效考核方式在反馈机制上也存在明显短板。传统的考核往往将评价结果作为年度总结或考核周期的终点，忽略了反馈对员工成长的推动作用。员工在绩效考核过程中如果仅得到一个最终的分数或评价，缺乏及时的反馈与指导，往往难以准确认识自己在工作中的优点和不足。这种反馈缺失，不仅使员工无法清楚了解自己的成长轨迹，还可能导致员工对工作中出现的问题缺乏反思和改进的动力。在事业单位中，员工不仅需要完成日常任务，更需要在工作中不断提升自己的能力，参与组织的长期目标实现。因此，一个有效的反馈机制显得尤为关键，它能够帮助员工明确发展方向，调整工作策略，并提升整体的工作效率。

传统绩效考核方式的局限性已经逐渐显现，尤其在事业单位职能转型的过程中，原有的考核方式已无法有效适应新的工作需求，无法全面评估员工的创新能力、适应能力、团队协作能力及长期发展潜力。因此，事业单位亟须对现有的绩效考核体系进行全面优化，融入更多的定性评价维度，结合创新、协作、成长等软性指标，以更全面、客观的方式反映员工的多元价值，推动事业单位在转型过程中实现可持续发展。

二、评价体系与职能转型不匹配

由于事业单位职能的转型和调整，新的岗位职责与技能要求也随着社会经济发展和公共管理体制的不断改革产生变化，事业单位的职能逐渐转型，以适应时代变化和社会需求。这一转型不仅在职能和服务对象上进行深刻调整，还在岗位职责和员工素质要求方面发生了根本性的变化。许多事业单位在这一过程中未能有效同步调整其绩效评价体系，导致现有的绩效评估方法和标准未能充分反映新岗位的要求和员工的实际贡献。这一矛盾的存在，不仅影响了员工的职业发展，也限制了事业单位实现自身战略目标和提升服务效能的能力。

在传统的事业单位中，绩效考核体系通常以固定的岗位职责和较为单一的工作标准为依据。这种体系往往侧重于完成日常性、重复性的任务，评价的维度较为简单，重视工作量和效率的定量指标，而当事业单位的职能发生转型时，新的工作要求和职责的复杂性往往无法在原有的绩效评估框架中得到充分体现。例如，随着服务创新、管理精细化等要求的提出，传统的绩效考核指标无法量化员工在提升服务质量、加强团队协作、促进组织变革等方面的表现。结果，员工虽然在新岗位上表现出色，但由于评价体系滞后，无法得到应有的认可和激励。

绩效评价体系与职能转型的不匹配，给员工的职业发展带来了显著的影响。一方面，由于评价体系的局限性，员工在新岗位上的创新性工作或跨职能协作往往无法获得应有的评价，致使部分员工感到无法充分展示自己的才能和价值。这不仅影响了员工的工作积极性和满意度，还可能导致一些优秀人才的流失。另一方面，绩效考核体系的滞后还可能加剧事业单位员工的不公平感，尤其是当不同部门或岗位之间的评价标准不一致时，容易引发员工之间的矛盾竞争，进而影响团队合作和组织氛围的建设。

要解决这一问题，事业单位必须重新审视现有的绩效考核体系，并根据职能转型的实际需求进行相应的调整和优化。绩效考核指标的设计应更加注重工作内容的多样性和复杂性，以全面反映员工在不同职能领域的表现。这要求评价体系根据不同岗位的要求灵活地进行动态调整，以涵盖员工在新岗位上需要具备的多种能力和技能。例如，针对服务创新型岗位，绩效评价可以加入创新成果、服务改进、用户反馈等指标；而对于管理岗位，则应增加组织协调、决策质量、团队建设等方面的评估内容。此外，还需要对跨部门、跨职能的协作行为给予充分重视，评价体系应能够反映员工在团队合作和跨职能协同中的表现，有效促进不同职能之间的融合与协作。

绩效考核的方式应当与时俱进，逐步引入更加科学和全面的评估手段。传统的绩效考核往往依赖直接的量化指标和上级领导的主观评价，这种方式在面对复杂、多元化的工作任务时存在明显的局限性。因此，事业单位应当考虑引入 360 度评价、多维度自评与互评、项目成果评估等方式，这些方法可以更全面、客观地反映员工的工作表现和综合能力。尤其是在职能转型的背景下，员工的能力评估不仅要考虑其完成任务的数量和质量，还应关注其在职能创新、服务提升、资源整合等方面的贡献，确保绩效考核全面反映职能转型的实际效果。

事业单位还应加强绩效考核与激励机制的联动。评价体系的调整不仅是对工作表现的测量，更是对员工发展潜力和职业规划的指导。因此，绩效评价结果应与员工的薪酬、晋升、培训等激励措施挂钩。通过设立更具挑战性的绩效目标和提供有针对性的职业发展支持，事业单位可以激励员工适应新的职能要求，提升其在职场中的竞争力和工作动力。这种激励机制的优化，有助于良性循环形成，推动事业单位的职能转型顺利落地并实现长期可持续发展。此外，绩效考核的实施过程中，事业单位还应注重建立良好的反馈机制。对于员工而言，绩效评估不仅是对过去工作的总结，更是改进和发展的机会。因此，事业单位应为员工提供及时、具体且有建设性的反馈，帮助其了解自己在新岗位上的表现，并提出改进建议。通过这种互动式的评估，员工可以更清晰地看到自己在职能转型过程中所处的位置，明确下一步努力的方向，增强其参与感和责任感。

事业单位在职能转型过程中，若未及时调整和优化绩效评价体系，必然会导致员工与组织之间的矛盾加剧，影响员工的积极性和工作效果，甚至妨碍职能转型的顺利推进。因此，事业单位必须从战略高度出发，重新审视并完善绩效考核体系，使其与组织目标和职能需求高度契合，进而推动事业单位整体运行效率的提升，促进员工的职业发展和组织目标的实现。这不仅是事业单位内部管理的一项关键任务，也关乎事业单位长远发展的核心竞争力。

三、绩效反馈与激励机制缺失

在事业单位的管理体系中，绩效考核作为一种重要的管理工具，本应发挥提升组织效率、激发员工积极性的作用。许多事业单位在实际操作中却存在绩效反馈与激励机制缺失的问题，这一缺陷不仅影响了绩效考核的效果，也制约了事业单位的整体发展与员工的职业成长。

绩效反馈机制的缺失导致员工对考核结果的理解存在偏差，无法有效地将考核结果转化为改进工作的动力。在一些事业单位，绩效考核虽然定期进行，但往往缺乏及时且具体的反馈。员工无法清楚地知道自己在工作中有哪些方面表现良好，哪些地方需要改进，甚至对考核结果的准确性和公正性产生怀疑。没有有效的反馈，员工往往会感到自己的努力得不到认同，或者没有明确的方向去提升工作表现。这样的状况不仅导致了员工的积极性下降，还影响了绩效考核作为激励工具的功能，使其失去了应有的作用。另一方面，绩效考核与激励机制的脱节问题同样突出。许多事业单位的绩效考核与奖励、晋升等激励机制未能有效结合，导致员工无法从绩效考核中获得实际的回报。绩效考核结果往往仅仅停留在评估层面，没有直接与员工的薪酬、晋升机会、培训机会等实际利益挂钩。即使员工在工作中付出了巨大努力，取得了不错的成绩，但由于没有与绩效挂钩的奖励和晋升机制，他们的努力并没有得到应有的认可与回报。这种情况使员工对绩效考核的重视程度和投入度大大降低，绩效考核逐渐变成一种形式主义的任务，失去了激励作用，最终影响了整体工作效能的提升。

这种绩效反馈与激励机制缺失的问题，实际上反映了事业单位在管理实践中未能实现绩效考核与组织目标有效对接的问题。在一些事业单位中，绩效考核虽然作为一种工具被广泛使用，但在设计和实施上却缺乏系统性和科学性。由于缺乏与实际工作紧密相关的反馈机制，员工对绩效考核的参与度和积极性普遍较低，进而影响考核的精准度和针对性。为了确保绩效考核真正发挥作用，事业单位必须重视绩效反馈机制的建立，确保考核结果及时反馈给员工，且反馈内容要具体、明确，帮助员工了解自己的优劣势，并给出改进的方向和建议。

除了完善绩效反馈机制外，事业单位还需要将绩效考核结果与激励机制紧密结合。建立以绩效为基础的激励机制，不仅通过薪酬激励来奖励优秀员工，还应通过提供晋升机会、培训和职业发展等方式，激励员工不断提高自身的工作能力。对于表现优秀的员工，事业单位可以通过晋升、职位调整等方式予以奖励，激发员工更大的工作热情；对于表现较差的员工，除了给出改进建议外，也可以提供相应的培训机会，帮助其提高业务能力，缩小与优秀员工之间的差距。绩效考核与激励机制的结合，能够形成一个良性循环，不仅帮助事业单位识别和培养人才，而且能够激发员工的潜力，使其更好地为事业单位发展贡献力量。要实现这一目标，事业单位需要在制度设计上作出积极调整与改进。首先，绩效考核标准要明确、客观，能够准确反映员工的实际工作表现，避免出现过于笼统或不切实际的考核标准。其次，反馈机制要及时有效，不仅是简单的成绩公布，更应通过一对一的沟通，帮助员工明确自己的优缺点，并给予具体的改进建议。同时，激励机制的设计也要具有灵活性和多样性，能够根据员工的不同表现，提供相应的激励措施。例如，对于业绩突出的员工，可以通过提供薪酬奖励、晋升机会等方式激励；对于表现较为一般的员工，可以通过培训、指导等方式帮助其提升。

绩效考核与激励机制的缺失，反映了事业单位在管理实践中的一些深层次问题。事业单位要想真正提高绩效管理水平，必须建立健全的绩效反馈机制，并确保绩效考核与激励机制的紧密结合。只有这样，才能实现从管理到激励的有效闭环，提升员工的工作动力和工作效率，最终推动事业单位整体管理水平的提升。

第四节　领导力与管理风格的适应性问题

一、传统管理方式与现代管理理念的冲突

在许多事业单位中，长期以来，传统的行政化管理方式始终占据着主导地位。管理层普遍依靠命令、指示和层层下达任务的方式进行组织和协调，这种方式强调权威、层级分明和行政命令的传递。这种管理方式最初是在稳定、相对封闭的环境中取得了一定的成功，然而随着社会环境的快速变化和组织内部职能的不断转型，其局限性日益凸显，无法有效应对新的管理需求。

当今，事业单位的管理环境发生了深刻的变化。信息化、市场化和全球化的趋势导致组织运营和管理面临越来越多的复杂挑战。在这种新环境下，传统的行政化管理方式往往因其强调控制而忽视了创新、灵活性和员工的主观能动性，难以有效激发团队的潜力和创新能力。尤其是在职能转型的过程中，管理层传统的以“命令－服从”模式为核心的管理方式已不再适用。面对激烈的外部竞争和内部的效率提升需求，事业单位需要更具战略眼光和创新意识的领导者来引领转型和创新。

一方面，现代管理理念要求领导者不仅要具备传统的行政能力，还应具备更为广阔的视野和深刻的战略思维。在信息化的背景下，市场经济的要求让事业单位的运营面临前所未有的挑战和机遇。单纯依赖传统的管理方式无法适应多元化的发展需求和快速变化的市场环境。因此，领导者必须具备敏锐的市场洞察力和前瞻性的战略眼光，以适应外部环境的快速变化，推进事业单位职能的创新与优化。与此同时，领导者需要更好地理解员工的需求和期望，通过高效沟通与合作建立起更为灵活和开放的工作氛围，提升团队的凝聚力和执行力。

另一方面，现代管理理念更加重视以人为本和团队协作，这与传统的命令式管理方式形成了鲜明的对比。在传统模式中，员工往往被视为执行命令的工具，管理者更多关注任务的完成和效能的考核。随着知识经济的到来，人才的作用越

发凸显，员工的创造力和主动性成为推动事业单位发展的关键因素。因此，管理者不仅要关注任务的完成情况，还需要关注员工的个人发展与成长。现代化的管理理念强调通过激励机制、培训发展和团队协作等手段，激发员工的潜力，创造更高效、更具创新性的工作氛围。信息技术的发展推动了管理方式的变革。数字化工具和智能化管理平台的普及，使传统的行政管理手段逐步向数据驱动和智能决策转型。在这种背景下，传统的管理方式无法有效利用这些技术资源，导致决策过程的滞后和信息流转的低效。领导者需要适应这一变化，学会运用数据分析、信息化平台和智能工具来提高决策效率，优化资源配置，提升组织的灵活性和反应速度。这要求领导者不仅具备较强的战略思维和创新能力，还应具备一定的技术素养和数字化能力，以便准确分析和利用数据，推动事业单位的管理转型。

现代管理理论强调的团队协作、创新文化及扁平化组织结构等概念，要求领导者更加注重与团队成员的互动与合作。传统管理模式下的指令型领导风格，容易导致上下级之间的沟通障碍和信息不对称，削弱了团队成员的积极性和主动性。在现代化管理理念的指导下，领导者应通过创设更加开放和民主的工作环境，鼓励员工提出意见和建议，使每个团队成员都能在团队中发挥更大的作用，推动团队整体效能的提升。这种转型不仅是管理方式上的变化，更是组织文化和价值观的深刻变革。

更为重要的是，事业单位的职能转型过程中，领导者需要具备创新意识，不断寻求新的管理模式和路径。传统管理模式侧重于稳定和控制，往往忽视了变化和创新的推动力，而现代管理理念则强调持续创新和变革，领导者需要具备推动创新的思维和方法，积极探索适应市场变化的新业务模式和管理手段。这要求领导者不仅要保持敏锐的洞察力，还要具备较强的变革领导力，能够引导团队不断适应新的变化，迎接新的挑战。

事业单位在面临职能转型的过程中，传统的行政化管理方式与现代管理理念之间的冲突越发突出。为了适应快速发展的环境和组织变革的需求，事业单位的领导者需要摒弃传统的命令式管理，转向更加灵活、开放和创新的管理模式。这不仅是管理技术和方法的转型，更是对领导者思想观念和行为方式的深刻变革。通过不断更新领导理念、加强团队合作、推动创新实践，事业单位将能够在激烈的市场竞争和复杂的管理挑战中脱颖而出，实现转型目标。

二、领导力的转型挑战

事业单位职能转型是当前组织发展过程中面临的一项重大挑战。在这一过程中，领导力的转型扮演着至关重要的角色。传统上，事业单位的领导者通常处于管理层的核心位置，承担着大量的执行性决策工作。这些领导者的工作多以事务性管理为主，侧重于完成日常工作的监管和执行，往往缺乏对宏观战略的深入思考与前瞻性规划。这种传统的领导模式，虽然在过去的行政管理和职能实施中取得了一定的成绩，但在当今快速变化的社会环境和日益复杂的业务需求面前，显然已经显露其局限性。随着事业单位职能的转型，领导者面临的挑战不仅是日常事务的管理，而且要在不断变化的内外部环境中，进行深刻的战略布局和创新引领。

在职能转型的背景下，事业单位的领导者不仅要具备卓越的管理能力，更需要具备系统化的战略思维与决策能力。传统的领导通常以“管理者”自居，其主要任务是遵循固定的工作流程和规范，较少关注未来的战略布局。这使领导者在面临组织转型时，常常表现出对新形势的适应不力和对新机遇的忽视，而现代领导力则要求领导者不仅具备强大的执行力，更要具备前瞻性的战略眼光。这种眼光不仅表现在对短期内效益提升的关注，更要关注长期的组织发展与创新驱动。在这种转型中，领导者需要具备应对复杂局面与突发事件的能力，敏锐捕捉外部变化的信号，合理预测市场和政策的走向，为组织提供明确的方向和战略方案。随着事业单位职能逐渐向社会服务、公众参与等方向转变，领导者的责任和角色发生了变化。传统领导者习惯于在封闭的行政环境中管理和决策，而现代领导者则要具备更高的公众服务意识与开放的思维方式。这意味着，领导者不仅要关注单位内部的资源配置和人员管理，更要具备在社会和政府大环境中进行有效沟通与协调的能力。现代领导者在推动组织转型的过程中，必须在多重利益关系中作出平衡，兼顾政策、效率与社会效益，维护事业单位的公信力。因此，领导者的沟通技巧、跨部门协调能力及舆情管理能力都成为关键素质，决定了事业单位在职能转型过程中能否顺利推进。

事业单位的领导力转型不仅是一种理论上的需求，更需要具体的实践指导和培训支持。在职能转型的过程中，领导者往往会面临管理模式更新、团队文化重塑、决策结构变革等多重挑战。这就要求事业单位为其领导层提供有针对性的培训和支持，帮助他们适应新的工作环境和新的管理方式。培训内容不仅要涵盖传统的行政管理和公共服务知识，还要引入战略管理、创新思维、变革管理等现代领导力的相关理论。通过定期的领导力培训、跨行业的学习交流和对实际问题的分析，领导者能够逐步提升自身的综合素质，培养解决复杂问题的能力，更好地推动事业单位的职能转型。具体而言，领导者需要在实际工作中加强对创新的理解和运用。现代社会的快速变化和信息化进程要求事业单位员工具备更强的创新能力，而创新能力的提升往往依赖领导者的引导和决策。领导者应当从传统的管理者角色转变为战略引领者，鼓励团队成员发挥创造性和主动性，推动制度创新、流程优化及服务模式的改进。领导者角色的这一转型要求他们不仅具备敏锐的洞察力，还要有勇气去打破既定的框架，尝试新的工作方法和思维方式。在这一过程中，领导者不仅要支持和鼓励创新，还应当科学评估创新措施的效果，及时调整策略，确保创新为组织带来实际的价值。

领导力的转型挑战不仅体现在个人能力的提升上，更需要组织的支持与系统的配合。事业单位在推动领导力转型时，往往需要从组织结构、文化氛围、制度机制等多个方面进行综合性调整。这些调整不仅要为领导者提供足够的决策空间，还要为其提供必要的资源保障。在实际操作中，事业单位可以通过优化工作流程、强化团队协作、提高内部信息共享效率等方式，为领导者提供更多的支持，帮助其更加高效地推动职能转型。这种组织支持与个人能力的结合，能够最大限度地发挥领导者的作用，确保事业单位的职能转型顺利实施。

事业单位职能转型中的领导力转型是一项复杂的系统工程，要求领导者不仅具备卓越的管理能力，还要具备前瞻性的战略思维、创新精神与应变能力。在这一过程中，事业单位应当为领导层提供系统的培训和支持，帮助他们在变革中扮演好引领者的角色，推动组织实现可持续发展。这种转型不仅需要领导者的主动适应，更需要组织内部的协同努力，以确保事业单位在职能转型的过程中收获成功并持续地健康发展。

三、管理风格的多样性与灵活性不足

在当前事业单位职能转型的过程中，管理风格缺乏多样性与灵活性的问题日益突出，成为制约其发展的重要因素之一。许多事业单位依赖传统的官僚主义和命令型管理，这种方式在应对现代社会日益复杂多变的工作环境时，显得越来越不适应。尤其是在职能转型的关键时期，事业单位的管理者往往陷入过度依赖传统管理模式的困境，未能及时作出有效的调整和优化。传统的管理模式虽然在过去的一段时间内能够发挥一定的效能，但在新的工作挑战与文化环境面前，表现出明显的局限性。

管理风格的僵化使事业单位在面对外部环境和内部需求的变化时缺乏应有的应变能力。领导者的决策往往固定在某一套惯用的方式中，无法根据团队成员的个性差异、工作性质的不同及外部环境的变化作出灵活的调整。在许多事业单位中，领导者普遍倾向于采取指令型或控制型的管理方式，这种管理方式强调自上而下的权威和命令，忽视了员工的需求与情感支持。员工的积极性和创造力未能得到充分发挥，还造成了工作中无形的压抑和隔阂，进一步影响了组织的整体绩效。

职能转型带来的挑战要求事业单位的管理者具备高度的适应性和灵活性。随着社会经济的不断发展，组织内部的任务和工作内容也在不断发生变化，从传统的行政管理模式到如今的服务型、创新型管理，领导者不仅要在职能上进行有效的转型，还要在管理风格上进行相应的创新。这种创新并非简单模仿和引进外部的先进管理理论，而是在理解事业单位特点的基础上，针对具体问题和情境进行灵活的管理调整。例如，在面对知识型员工或年轻化团队时，传统的控制型管理方式可能导致工作效率低下、人才流失等问题，而更为灵活、赋能的管理方式则能够激发员工的主动性与创造性，提升团队的整体表现。在许多事业单位中，管理者普遍缺乏对管理风格多样性与灵活性的认知和实践。管理者往往局限于自己的经验和惯性思维中，缺少对员工个体差异的关注。不同于企业的商业化运作，事业单位的管理往往与公共服务、社会责任紧密相关，因此，管理者在决策时更加需要考虑社会效益和员工的幸福感，而这一点，常常被传统的指令型管理方式所忽视。许多管理者仍然习惯于在组织内采取“上级指示、下级执行”的方式，这种“一刀切”的管理模式忽略了团队成员的个人特性和情感需求，导致了员工的情绪不满和工作满意度的下降。

从长远来看，管理风格的单一性不仅削弱了团队的凝聚力，还极大地制约了事业单位整体效能的提升。在面对外部市场竞争、内部人员流动及组织结构调整时，缺乏灵活性和多样性的管理模式往往难以保证组织的稳定性和发展。特别是在职能转型的过程中，事业单位需要迅速调整管理风格，以适应新的社会需求和政策变化。如果管理者未能及时认识到这一点，仍然固守传统的管理模式，势必会对组织的生存和发展造成不良影响。

因此，提升事业单位管理风格的多样性和灵活性，成为推动职能转型的重要一步。管理者应当突破传统的管理框架，结合团队成员的多样性和工作内容的不同，采取更加人性化和支持型的管理方式。管理风格的灵活性不仅体现在对工作任务的分配和指挥上，还应当在员工的激励与反馈机制上作出创新。通过建立更加多元化的管理模式，事业单位能够在职能转型的过程中，形成更加适应新时代要求的管理体系，推动组织整体的持续发展。加强领导力的培养也是提升管理风格灵活性和多样性的重要措施。领导者不仅要具备一定的管理技巧和决策能力，还要具备较强的人际沟通和情感调节能力。只有通过领导者的引导和示范，员工的工作热情和创造力才能有效激发，推动组织管理的转型。领导者需要关注员工的个体差异，采取合适的管理方法，确保每个员工都能在组织中找到适合自己的位置与发展空间，推动事业单位在职能转型中稳步前行。

在当前事业单位职能转型的背景下，管理风格的多样性和灵活性已成为衡量组织管理水平的关键指标。只有在管理风格的不断创新和灵活调整中，事业单位才能不断适应新的外部环境和内部需求，保证其在快速变化的社会中保持竞争力。因此，事业单位应当着力提升管理风格的多样化和灵活性，通过加强领导力培训，优化管理机制，推动管理模式的革新，为职能转型提供有力支持，确保事业单位持续、健康地发展。

第五章　人力资源适配策略的制定与实施

事业单位职能转型不仅关乎外部政策环境的变化，更体现内部管理结构和运营模式的深刻变革。在这一过程中，人力资源的适配策略尤为重要。人力资源的适配策略不仅要精准匹配组织需求，还要考虑人才供给的变化与市场环境的波动。合理的人才选拔与引进机制，能保障事业单位在转型过程中拥有足够的专业能力和技术支持。此外，建立科学的培训与开发体系，帮助员工提升适应转型的能力，是确保人力资源转型成功的关键。创新的激励与绩效管理机制，则能激发员工的积极性与创造力，促进事业单位职能的有效转型。

第一节　组织需求与人力资源供给的匹配

一、组织战略与人力资源需求的对接

在事业单位的发展过程中，组织战略的有效实施离不开人力资源的充分支持。事业单位的战略目标不仅为其发展方向和核心任务提供了指导，而且对人力资源的需求、分配及使用提出了明确要求。要确保事业单位在激烈的社会竞争中稳步前行，必须深入分析和理解组织战略，并依此调整人力资源供给，使其与战略目标之间形成有效的对接和协同。

事业单位的战略目标通常是通过长远规划、年度目标及职能转型等多个层面的具体化来实现的。这些战略目标不仅决定了事业单位未来的发展路径，还影响着人才的招聘、培养和使用。因此，人力资源的配置与战略目标的对接，不仅是短期内人员数量的匹配问题，更是长期战略实施中的人力资源布局问题。只有将人力资源的配置置于战略实施的框架中，才能在根本上确保人才的引进和发展与事业单位的战略目标高度契合。

事业单位的职能转型对人才的需求产生了深远的影响。职能转型通常伴随着组织职能的调整及业务模式的创新。这一过程中，组织对人才的需求发生了显著变化。例如，随着职能领域的扩展，事业单位可能需要引进具备不同专业背景的人员，或者需要现有员工具备复合性更强的技能，而传统的人力资源配置方式，往往无法及时适应这种需求的变化，导致人力资源供给与组织目标之间的脱节。因此，在职能转型过程中，事业单位必须积极审视现有的人力资源状况，对现有员工进行能力提升与岗位调整，确保其具备实现新战略所需的核心竞争力。与此相对，人才供给的优化是确保人力资源与战略目标对接的关键环节。对于事业单位来说，人力资源的供给并不仅限于招聘新员工，还包括通过内部培训、晋升机制等方式提高现有员工的能力，提升其对事业单位战略实施的贡献度。对于人才供给与岗位需求之间的匹配度，事业单位应当进行精确的分析和科学的规划。在此过程中，不仅要关注人才的数量，更要注重人才的质量和多样性，确保人才的专业技能与岗位要求之间的高度契合。同时，事业单位还应根据战略目标的变化及时调整人力资源配置，避免因战略调整导致人员短缺或技能滞后现象。

人力资源的优化配置还要求事业单位在组织内部建立完善的沟通机制与反馈机制。尤其是在组织战略目标发生调整或转型时，及时了解各部门的人员需求与岗位变化，对于人力资源的优化配置具有重要意义。在这一过程中，人力资源部门需要扮演桥梁的角色，发挥协调和调度的功能，确保战略目标与各部门具体需求之间的顺畅对接。通过有效的沟通与反馈，事业单位能够精准把握战略实施过程中可能面临的人力资源瓶颈，采取必要的措施加以解决，进而提高组织的运行效率与战略执行力。事业单位的组织战略与人力资源需求对接，还需要关注外部环境的变化。随着政策、经济、技术和社会等各方面因素的变动，事业单位的战略目标也可能发生一定的调整。在这种动态变化的背景下，事业单位的人力资源管理应具备较强的灵活性和适应性，及时响应战略需求的变化。尤其是在对高技术、高学历和高素质人才的需求日益增长的背景下，事业单位应不断创新人才引进机制，增强组织的吸引力和竞争力，确保人才供给与事业单位的发展需求保持同步。

人力资源的战略性管理，不仅体现在对外部人才的引进和对内部员工的培养上，还包括对组织文化的塑造和对人力资源管理理念的创新。事业单位的文化建设是人才队伍建设的重要内容。随着社会的不断发展，事业单位的文化氛围、工作方式和管理理念对人才的吸引力也愈加显著。因此，事业单位在人力资源管理过程中，不仅要注重硬实力如人才的数量、质量和技能提升，更要注重软实力的构建，如工作环境、管理氛围和文化氛围的营造。一种积极向上、富有创新精神的组织文化，能够有效增强员工的归属感与使命感，激励他们为事业单位的战略目标贡献力量。

从长远来看，事业单位人力资源的优化配置和战略对接，不仅是管理者的责任，也涉及整个组织的共同努力。在这一过程中，所有员工应明确自己在组织中的角色定位，认同组织战略，并在实际工作中践行战略目标。事业单位应通过组织培训、团队建设等手段，提升员工的集体主义精神与团队协作能力，确保全员在战略目标实现的道路上齐心协力，共同推进事业单位的发展。

事业单位要实现战略目标，必须重视人力资源的科学配置与优化。在战略实施过程中，人力资源的需求变化和职能转型的挑战需要得到充分重视，并通过精准的岗位配置、人才培养与引进、有效的沟通与反馈等手段来保证人力资源与战略目标的有效对接。通过优化人才供给、提高员工能力、塑造积极向上的组织文化，事业单位能够在复杂的社会环境中实现其长期战略目标，为社会作出更大的贡献。

二、人力资源供给的现状评估与差距分析

事业单位在人力资源的管理中面临着诸多挑战，特别是如何消除组织的需求与现有的人力资源之间的差距。实现这一目标的第一步是对现有的员工进行全面、细致的评估。这一评估不仅是对员工数量和职位结构的简单审视，更要从员工的知识结构、能力素质、经验背景等多个维度出发，全面识别当前人力资源配置中的优势和不足。这样深入的分析能够为事业单位提供一个准确的人力资源“画像”，使其在未来的人员配置、人才引进及培训规划等方面有明确的决策依据。具体来说，人力资源的现状评估需要从多个方面进行：首先，组织内部的知识结构分析至关重要。事业单位一般具有较为复杂的职能划分，不同岗位对专业知识的需求不同，因此，评估员工是否具备岗位所需的核心专业知识，是否能够应对不断变化的工作要求，是基础性工作。能力素质的评估也是不可忽视的内容。不同岗位对员工的工作能力、团队合作能力、创新能力等要求有所不同，这些能力的差异化对组织整体的运营效率、决策质量及创新发展均有重要影响。因此，事业单位在进行人力资源评估时，必须结合不同岗位的具体要求，评估员工在这些能力上的表现和潜力。

经验背景同样是影响员工价值的重要因素，尤其是在承担管理职能或涉及复杂决策的岗位上，经验积累能够直接提升工作的效率和决策的质量。对于事业单位来说，尤其要重视具有多元化经验的员工，特别是在跨部门合作、公共政策实施及行政事务处理等领域具备丰富经验的人才。通过评估员工在过去工作中积累的经验，可以为制定组织的长远发展规划和人才选拔提供宝贵参考。

差距分析是人力资源评估的核心内容。通过对现有员工的知识结构、能力素质与经验背景的评估，结合事业单位的战略发展目标和实际工作需求，可以明确

两者之间的差距。事业单位通常有既定的政策环境和稳定的组织框架，但在面对外部环境变化、技术进步和多元化的社会需求时，现有的人力资源往往无法完全满足其多样化、专业化和高效化的需求。通过系统的差距分析，能够揭示哪些领域存在较大的能力缺口，哪些岗位亟须引进外部人才，或者哪些员工需要通过再培训来弥补短板。这一分析过程，帮助事业单位在面对外部挑战时，快速调整内部的人力资源配置，保持组织运作的顺畅与持续发展。

不仅如此，差距分析还应当涉及外部市场人才供给情况的考察。如今，事业单位的人力资源供给不仅局限于内部员工的培养和调整，更需要对外部市场的人才资源进行深度分析。在评估差距的过程中，应当深入了解外部人才市场的需求与供给，尤其是当前社会各类人才的供给状况和趋势。随着社会对专业化和高技能人才的需求不断提升，事业单位在招聘、引进外部人才时，必须认识到市场上可能存在的竞争压力，这就要求事业单位不仅要基于内部评估来调整人力资源，还要在外部市场上积极寻找与组织需求高度匹配的人才资源。事业单位的人力资源差距分析还应结合组织的长远战略进行深入研究。例如，随着政府职能转型的逐步推进，一些传统的服务型岗位正在向创新型、战略性岗位过渡。这种职能转型直接要求人力资源管理者在进行差距分析时，关注未来人才的培养与储备，尤其是对于跨学科、复合型人才的需求。在这一过程中，不仅要考虑现有员工的潜力，也要准确预判市场人才的走向及需求，确保事业单位在未来能够保持竞争力和发展优势。

通过对人力资源现状的评估与差距分析，事业单位能够明确当前存在的核心问题，并有针对性地进行人员调整和优化。差距分析为事业单位提供了优化人力资源结构、实现精准选才、培养员工潜力、弥补岗位空缺的重要决策支持。尤其是在政府职能转型、行业发展和市场需求不断变化的背景下，这一分析更是为事业单位提供了前瞻性的战略指导，帮助其在人力资源管理上实现高效运作。因此，事业单位的人力资源供给现状评估与差距分析，不仅是组织内部人力资源配置的基础性工作，更是实现战略目标、推动长远发展的关键环节。通过科学的评估与分析，事业单位能够及时识别自身的短板，进行有效的调整与补充，确保组织在激烈的社会变革与市场竞争中立于不败之地。

三、人力资源规划的动态调整机制

在现代事业单位的管理过程中，尤其是在面临职能转型的挑战时，人力资源规划显得尤为重要。事业单位作为公共服务提供者，其人力资源需求具有高度的动态性，受多种内外部因素的影响。随着社会环境的变化、政策的调整，以及市场需求的转变，事业单位的职能和业务内容常常出现重大的变化。这种变化要求人力资源管理机制在结构上保持灵活性，在功能上具备前瞻性，以有效应对不确定性和复杂性。因此，事业单位的人力资源规划不仅要考虑当前的业务需求，还需要预见未来的发展趋势，以确保在各个发展阶段提供足够的、合适的人力资源支持。

事业单位人力资源需求的变化通常表现为几个方面的动态调整。首先，随着社会发展和科技进步，事业单位的职能转型和组织架构的调整不可避免。例如，随着政府职能的逐步下放，部分事业单位可能会承担更多的行政职能或提供新的公共服务内容，这要求相应的人力资源配置必须与之匹配。其次，外部经济环境的变化、政策的导向及社会需求的波动也会影响事业单位的工作内容与工作强度。因此，事业单位的人力资源管理必须具备灵活的调整机制，以应对外部环境的不断变化。这种调整机制不仅体现在对员工数量的增减上，更重要的是要在员工的技能、知识结构和职能上进行适应性调整。

为了实现人力资源供给与事业单位需求的高度匹配，动态调整机制的设计必须与事业单位的长远发展战略紧密结合。在具体实施过程中，事业单位需要制定一套科学、灵活的动态人力资源规划，结合组织发展的不同阶段，建立长期规划与短期需求相结合的调整机制。长期规划方面，事业单位应根据其核心职能的变化及未来几年内可能面临的政策变动和行业趋势，对人力资源进行预见性部署。这种长期规划不仅包括对人员数量的预测，更应考虑到员工的专业背景、技能发展，以及可能需要的岗位创新等因素。与此同时，短期规划则要针对事业单位当前的具体需求，确保人力资源的及时供应，避免因岗位空缺或人员能力不足导致的服务质量下降。

动态调整机制的灵活性要求事业单位在实际操作中根据变化的需求对人力资

源进行动态监测与及时调整。在职能转型的过程中，事业单位的内部环境和外部环境可能会在短时间内产生较大波动，这要求人力资源规划必须具有高度的敏感性和适应性。为了实现这一目标，事业单位应建立起有效的信息反馈机制，及时了解和分析各项业务变化的实际需求，并据此对人力资源进行相应的调整。这种信息反馈机制可以通过定期的岗位评估、绩效考核及员工满意度调查等手段，确保人力资源的合理配置和调整。

动态调整机制的前瞻性同样至关重要。在制定人力资源规划时，事业单位不仅要关注当前的业务需求，还应当结合国家政策、社会趋势、技术发展等方面的变化，预见可能的人员需求变动。例如，随着数字化转型和智能化发展的深入推进，部分传统职能可能会被自动化或人工智能所取代，导致部分岗位的减少，而新的技术岗位则需要大量具备专业技能的人员。因此，事业单位应提前进行人才储备和培养，以应对未来可能出现的职能变化。此外，动态调整机制还需要确保人力资源管理的公平性和透明度。在调整过程中，事业单位需要充分考虑员工的个人发展需求和职业规划，使人力资源管理不仅符合组织需求，也能够激发员工的工作积极性和创造性。这种平衡既能确保事业单位在职能转型过程中的平稳过渡，也能帮助员工在不断变化的工作环境中找到自己的定位，保持职业发展的持续性。

为了使人力资源规划的动态调整机制真正落地并发挥作用，事业单位还需要加强对人力资源管理者的培训与赋能。人力资源管理者不仅要具备专业的管理知识，还要了解事业单位的发展目标、业务需求及内外部环境的变化趋势。通过增强管理者的前瞻性思维和灵活应变能力，事业单位可以确保在人力资源规划和调整过程中，作出科学、合理的决策。

事业单位的人力资源规划是一项复杂的系统工程，需要在动态变化的环境中，制定灵活而有前瞻性的调整机制。在这一过程中，事业单位应根据不同的业务发展阶段和外部环境变化，结合长期规划与短期需求，进行及时的人员调整，确保人力资源的供给始终与组织的需求保持同步。通过建立信息反馈机制、提升管理者的专业能力和预测能力，事业单位能够在职能转型的过程中实现人力资源的最佳配置，推动组织的可持续发展。

第二节 人才选拔与引进机制的优化

一、招聘与选拔流程的规范化和透明化

在事业单位的管理实践中，招聘与选拔流程的规范化和透明化对提升人力资源管理的效率和公正性具有深远意义。人才选拔不仅是组织人力资源管理的核心环节，更是影响组织长期发展的关键因素之一。为确保招聘与选拔过程的有效性和公正性，事业单位应从制度设计、流程规范、操作透明等多个方面着手，建立一套科学、严谨且公开的选拔机制。

招聘与选拔的规范化，首先要求事业单位明确招聘岗位的具体职责、任职资格及岗位要求。这一阶段的关键在于对岗位需求的准确分析。通过科学的需求预测，结合事业单位的发展战略及实际情况，设定岗位职责和人员需求标准，避免因标准不清或岗位设定不当导致招聘偏差。岗位的职责范围需要从实际工作中获取数据支持，同时明确任职者应具备的知识、能力、素质和经验等，确保选拔的人才能够最大限度地适应岗位工作要求。

在岗位需求的基础上，事业单位应通过多种途径发布招聘信息，并明确发布的岗位要求、工作内容、薪酬待遇等细节，以此增加透明度并吸引符合条件的候选人。这一过程需要确保信息公开透明，避免信息不对称和候选人误解岗位要求，从而提高招聘的公平性。特别是对于大型事业单位，采取公开招聘的方式，可以在一定程度上抵制内部推荐或关系的影响，确保招聘决策更加公正。

规范化的招聘流程不仅体现在信息发布的标准化上，更应体现在整个选拔过程中。在筛选候选人的过程中，事业单位应运用科学的评估工具，制定详细的选拔方案，确保评估过程的公正性和透明度。例如，面试的评分标准、笔试的内容，以及心理测试和能力测试的设计，均应根据岗位需求进行专业化的定制，避免凭借主观判断作出招聘决策。通过结构化面试、情景模拟等多元化评估手段，事业单位能够全面地评价应聘者的综合素质，确保选拔最符合要求的人才。

评估工具的科学性和有效性直接影响选拔过程的公正性。因此，选拔过程中的每个环节应采取标准化、量化的方式，避免主观评价带来的不公。招聘评估标准的建立，应当根据岗位的性质和需求，结合实际工作场景进行合理设计。例如，对于管理岗位的选拔，不仅要考虑候选人的领导能力和决策能力，还要评估其团队协作能力、沟通能力及适应变化的能力。对于技术岗位的选拔，则更加侧重专业技能和问题解决能力。通过建立系统的评估标准，事业单位能够减少人为误差，提高选拔结果的准确性与科学性。

透明化的选拔流程不仅体现在候选人参与评估的过程中，还应在评估结果的反馈和决策上保持开放。事业单位应当为候选人提供清晰的评估结果和反馈机制，以便其了解自己在选拔过程中的表现，并通过反馈进行自我改进。在最终决策时，事业单位应能够公开选拔结果，说明选拔的依据与标准，避免外界质疑选拔过程。对于未能通过选拔的候选人，事业单位应当提供合理的解释和建议，使其能够了解自身的不足之处，进而为其未来的职业发展提供帮助。

招聘流程的透明化，不仅能够提高候选人的信任感和满意度，还能够增强组织的公信力和形象。特别是在一些具有较强社会影响力的事业单位，公正、透明的选拔机制能够有效提升其社会声誉，从而吸引更多优秀的人才参与到招聘中来。通过公开透明的选拔过程，候选人能够清晰地了解自己的面试表现和录用结果，也能够充分理解评估标准和选拔依据，增强他们对组织的认同感。

规范化与透明化的招聘流程不仅有助于事业单位选择最合适的人才，还能够通过增强员工对招聘过程的认同感，提升员工的归属感和满意度。招聘环节的规范化让员工明确自己所处的竞争环境与标准，消除内部员工的质疑情绪，也营造了组织内部的和谐氛围。选拔过程的公正透明，能够减少事业单位内部人员的矛盾与纠纷，避免因招聘不公而引发劳资纠纷或员工流失问题。

在实际操作中，事业单位还应根据自身特点和组织文化对招聘流程进行适当的调整。比如，对于不同岗位的选拔，可以结合岗位的特殊性制定差异化的选拔流程。对于涉及大量业务往来和外部合作的岗位，选拔时不仅要考虑人才的专业能力，还要评估其社会交往能力和沟通能力，而对于技术密集型岗位，选拔标准则应向候选人的专业素养与创新能力倾斜。

在确保招聘过程公正与透明的基础上，事业单位应当持续优化选拔流程，通过反馈与评估机制不断提升招聘工作的质量与效果。随着社会发展与行业需求的变化，事业单位的招聘与选拔机制也应灵活应对新的挑战和变化。管理者应定期对招聘流程进行回顾与调整，以适应新的用人需求，不断提升招聘工作的效率与质量，为事业单位源源不断注入高质量人才，推动其长远发展。

二、外部人才引进的渠道拓展与合作深化

在当前事业单位的运行环境中，人才的引进与培养日益成为提升组织效率与竞争力的关键因素。随着社会经济的快速发展及技术创新的不断推进，事业单位面临的外部人才竞争愈加激烈，因此，探索并优化外部人才引进渠道，已成为增强事业单位核心竞争力的重要举措。事业单位应通过深化与高等院校、科研机构及社会招聘平台的合作，形成多层次、宽领域的人才引进体系，在竞争激烈的人才市场中占据有利位置。

引进外部人才的一个核心要素是渠道的多元化。传统的招聘方式已经不能完全满足现代事业单位对高层次、专业化人才的需求。因此，事业单位需要拓展与高等院校和科研机构的合作。高等院校作为知识和技术的发源地，不仅拥有大量优秀的毕业生资源，其研究成果也能够为事业单位提供创新的解决方案。通过与高等院校合作，事业单位可以通过定向培养、学术交流、联合研究等多种形式，引进具备前瞻性、创新性的人才，作为支撑其长期发展的技术性和管理性人才。同时，科研机构往往掌握着前沿的技术和重要的研究成果，与其合作将有助于事业单位在提升自身科研能力的同时，吸引具有高素质的专业人才。通过这种合作方式，事业单位能够在确保人才引进质量的同时，进一步提升科研水平，推动事业单位向高技术、高附加值领域发展。

除此之外，事业单位还可以借助社会招聘平台，特别是专门面向高层次人才的招聘平台，增加人才引进的渠道。随着互联网技术的发展，社会招聘平台在人才的引进中扮演着越来越重要的角色。通过这些平台，事业单位能够迅速扩大招聘范围，提升招聘效率。尤其是在急需特殊技术人才的情况下，社会招聘平台能够帮助事业单位快速接触更多符合需求的候选人。社会招聘平台虽有其便捷性和

广泛性，但也存在信息不对称和人才质量难以保障的问题。因此，事业单位在利用这些平台时，应加强对人才背景的审查，确保招聘的人才符合岗位要求，并具备较强的专业能力和较高的职业素养。

为了提高人才引进的效率和质量，事业单位应当根据不同的职能需求，选择最适合的引才模式。在实际操作中，专项人才引进、猎头服务和定向培养是常见的三种引才模式。专项人才引进适用于一些对人才要求较高、技术含量较高的岗位，尤其是在某些特定领域或核心业务板块中，这类岗位往往需要具备深厚专业知识和丰富实践经验的人才。通过专项引才，事业单位可以更加精准地锁定目标人才，并在较短的时间内将其引入合适的岗位。猎头服务作为一种高端的引才方式，尤其适用于一些高级管理岗位或急需外部资源的关键岗位。猎头公司凭借其丰富的资源和专业化的服务，可以帮助事业单位迅速找到合适的候选人。通过猎头服务，事业单位能够在短期内吸引具备领导力、战略眼光和管理经验的高层次人才，为单位的长远发展注入新的活力。

定向培养则是一种长期且系统的引才方式，适用于事业单位在长远发展中对特定类型人才的需求。通过与高等院校的合作，事业单位可以定向培养一些符合岗位需求的年轻人才，帮助他们更好地融入单位的文化，提升其专业能力和综合素质。在定向培养过程中，事业单位不仅可以定制课程体系，还可以根据行业发展趋势及时调整培训内容，确保培养的人才适应未来工作环境的变化。这一方式既能够确保人才的质量，又能够帮助事业单位塑造更具竞争力的核心人才梯队。

对于事业单位来说，外部人才引进的最终目的是为单位注入新鲜血液，提升整体竞争力，推动事业单位的可持续发展。在此过程中，多元化的引才渠道和科学的引才模式能够帮助事业单位在短期内迅速获得所需的人才，并为其长期发展奠定坚实的人才基础。同时，事业单位还应加强与外部人才的互动与合作，建立起以人才为中心的管理机制，通过激励机制、培训机制等，保持对人才的持续吸引力和稳定性。

事业单位在外部人才引进方面的成功不仅依赖引进渠道的拓展和合作的深化，更需要事业单位内部文化和管理模式的适配。为此，事业单位应注重打造适合人才发展的良好环境，建立科学合理的人才激励机制，确保引进的外部人才快速融入单位、发挥其专业优势。通过有效的管理和支持，外部引进的人才能够在事业单位的运作中发挥最大效能，推动单位向更高层次、更高效率的发展迈进。

通过对外部人才引进渠道的优化和引才模式的科学选择，事业单位能够实现人才结构的多元化和专业化，进一步提升组织的整体竞争力，满足当前社会对事业单位综合素质和创新能力的更高要求。只有在引才渠道不断拓展、引才模式不断创新的基础上，事业单位才能够顺应时代的变化，走在发展前列，持续为社会提供更高质量的公共服务。

三、人才引进后的岗位适配与融入机制

人才引进是事业单位优化人力资源配置、提升整体工作效率的重要途径。人才引进的成功与否不仅取决于选拔过程的精准性，更在于引进后如何有效地进行适配与融入，帮助新员工尽快融入组织、适应岗位环境，激发其潜力，进而为事业单位的可持续发展奠定坚实基础。在这一过程中，完善的入职培训体系、合理的岗位适配机制及深度的组织文化渗透是关键因素。

对于事业单位而言，入职培训不仅是新员工了解工作内容和流程的起点，也是其与组织建立关系的重要桥梁。系统的入职培训应该在提供岗位技能培训的基础上，注重对事业单位历史背景、业务流程、规章制度及组织使命的介绍，使新员工能够迅速熟悉单位的基本运作方式。培训内容应涵盖团队合作、沟通技巧等软技能，确保新员工在团队中高效协作，融入集体。这不仅有助于提升其个人业务能力，更能使其在思想上形成对事业单位文化的认同感，增强归属感和忠诚度。

岗位适配是新员工融入组织的又一关键环节。每个员工的能力、经验及工作习惯都有所不同，这就要求事业单位根据员工的具体情况制定灵活的岗位适配策略。通过充分了解员工的特长与发展潜力，结合岗位的需求，合理调整员工的职责范围，既能帮助员工快速进入工作状态，也能最大限度地发挥其潜力。例如，对于新入职的管理类人才，事业单位可以通过逐步扩展其管理职能或安排交叉岗位体验，帮助其在实际工作中熟悉各个环节与流程，从而提升其综合素质和管理能力；而对于专业技术人才，事业单位则应通过技术团队的交流与合作，使其快

速适应团队文化，并参与具体项目，逐步培养其工作适应性和创新能力。

组织文化的渗透是人才适配与融入过程中不可忽视的重要环节。在事业单位，组织文化不仅是凝聚员工力量、激发工作热情的源泉，也是塑造事业单位价值观和工作氛围的基础。新员工的融入过程，实际上是其逐步适应、认同并成为组织文化的一部分的过程。事业单位应通过多种形式的文化活动与交流渠道，帮助新员工理解组织的愿景与使命，培养其对单位价值观的认同，并引导其在工作中贯彻这些价值理念。通过文化上的认同，员工能够在情感上与单位形成深度的联系，增强工作中的责任感与使命感，为单位的发展贡献更多的创造力。

事业单位还应注重在新员工适配与融入的过程中，营造一种包容与支持的氛围。新员工的适应期往往伴随着各种挑战和压力，事业单位应提供足够的支持，帮助其克服初期的困难。提供明确的沟通渠道、定期的反馈机制和适当的心理辅导，将有助于新员工在适应过程中减少焦虑感和挫败感，提高其工作积极性和主动性。与此同时，事业单位管理层应关注员工的成长与发展，通过定期的绩效评估、职业规划指导等手段，帮助员工明确发展方向，并提供相应的学习与晋升机会。通过不断提升员工的能力与信心，能够促进员工与单位的双向融合，为事业单位的长远发展注入源源不断的动力。

人才引进后的适配与融入机制并非单纯的技术性工作，它关乎事业单位文化的建设、员工个性与团队协作的平衡及组织与个人的共同成长。事业单位应在此过程中注重全方位、多层次的支持和培养，为新员工创造一个温馨、包容、富有挑战的工作环境，帮助其在短期内顺利过渡到工作状态，激发其工作热情和创造力。最终，通过一系列有效的适配与融入措施，事业单位不仅能够确保新员工的高效贡献，还能够在组织层面实现知识、经验与文化的有机融合，增强事业单位的整体竞争力和可持续发展能力。

第三节　培训与开发体系的构建

一、培训需求分析与个性化课程设计

事业单位的职能转型是当前深化改革的重要组成部分，而人力资源在这一转型过程中的作用不可忽视。人力资源的适应性要求不仅体现在新岗位技能的掌握上，还涉及员工在转型过程中整体素质的提升。因此，对员工进行培训成为提升其综合能力、确保顺利过渡的关键环节。为了确保培训的精准性和实效性，必须进行细致的培训需求分析，并以此为基础，设计个性化的课程方案。

培训需求分析是制定有效培训方案的前提。在事业单位中，员工的工作岗位和职责常常随着组织结构、工作内容和业务需求的变化而发生调整，这导致员工的技能要求和发展方向也不断变化。因此，通过对员工现有工作能力的评估，结合岗位职责的变化和业务发展趋势，进行科学的培训需求分析显得尤为重要。通过调研和访谈等方式，能够全面了解员工在技能上的差距和不足，尤其是他们在执行新职能的过程中可能遇到的困难。评估员工的职业发展潜力，不仅有助于识别其未来的培训需求，还能为员工的个人发展提供有价值的指引。

在对培训需求进行全面分析后，进行个性化的课程设计是提升培训效果的关键。事业单位作为公共服务提供者，其员工不仅要具备较强的专业技能，还需要具备较高的综合素质，包括沟通能力、团队合作能力、创新能力等软技能。因此，在设计培训课程时，不仅要关注硬技能的提升，也要兼顾软技能的培养。例如，随着信息化建设的推进，越来越多的事业单位在职能转型中需要依赖信息技术来提升工作效率。这就要求员工具备一定的数字化能力，而这一能力的培养不仅是学习具体的操作技能，还需要培养员工对新技术的理解力和运用能力。此外，随着职能转型的推进，组织的沟通模式和协作方式也发生了变化。在这种背景下，团队合作和跨部门沟通的能力显得尤为重要。因此，在培训课程中融入团队建设和沟通技巧的内容，可以帮助员工在职能转型中更好地适应新的工作环境。

个性化课程设计不仅体现在内容的选择上，还体现在课程的结构安排。不同的员工根据其所处的岗位和工作职责，具有不同的培训需求。例如，管理层员工不仅需要具备更高层次的战略思维和决策能力，还需要具备跨部门协调和领导力等高级管理技能。相比之下，操作性岗位的员工则更需要提升与技术相关的专业能力。因此，培训课程的设计应根据不同岗位的需求，采取针对性强的内容和方式。对于领导层的培训，可以引入更多关于战略规划、组织变革、决策分析等的高级管理课程；而对于基层员工的培训，则可以更侧重于技术操作、日常事务处理及客户服务等内容。为了满足不同员工的需求，可以设计模块化、分层次的课程体系，每一模块都针对特定的岗位需求进行深度拓展，从而达到精准培训的效果。

为了增强培训的实效性和可操作性，培训课程的设计还应注重形式上的多样性。传统的课堂教学虽然在理论知识的传授上具有一定优势，但往往难以有效激发员工的学习热情和实践能力。因此，结合当前的技术发展，尤其是信息技术的广泛应用，采用线上与线下相结合的混合式学习模式已成为一种趋势。在这一模式下，员工可以通过线上平台进行自主学习，掌握相关理论知识，并通过线下的实操训练来加强技能的应用。同时，互动式的教学形式，如小组讨论、案例分析、角色扮演等，也能帮助员工在模拟情境中提高问题解决能力和团队协作能力。

培训内容和形式的多样化能够激发员工的学习兴趣，提高培训的参与度。尤其在职能转型的过程中，员工面临着巨大的压力和不确定性，采用适当的激励措施和优化学习环境能有效缓解其焦虑情绪，增强学习的积极性。通过模拟实际工作场景、角色扮演等互动形式，可以帮助员工更好地理解转型过程中所需要的技能和知识，从而增强其应对职能转型的信心和能力。

个性化课程设计不仅是对内容和形式的安排，还需要结合员工的学习进度进行动态调整。每个员工的学习能力、接受速度和应用能力不同，因此，在培训过程中应当建立起灵活的评估机制，以便根据员工的学习情况调整课程内容的深度与广度。例如，定期进行培训效果评估，了解员工对培训内容的掌握情况，并根据评估结果适时调整后续课程安排，确保培训内容与员工的实际需求匹配。此外，培训后期的跟踪管理同样重要，可以通过一对一的辅导、定期的技能测试等方式，帮助员工巩固所学知识，提升其工作能力。

事业单位的职能转型离不开员工的不断学习和成长，因此，通过系统的培训需求分析和个性化的课程设计，能够有效提升员工的整体素质，为职能转型提供坚实的人力保障。通过精准的课程设置，能够确保培训的针对性和实效性，帮助员工更好地适应新的工作要求，推动事业单位向更高效、更具创新性的方向发展。

二、培训机制的体系化与规范化

在当今事业单位中，培训机制的建设不仅是提升员工素质和能力的关键手段，也是推动组织持续发展的重要组成部分。建立一个系统化、规范化的培训机制，要求从组织结构的顶层设计开始，科学规划培训的各个环节，确保培训的内容、形式、周期、评估标准等方面得到有序统一。在此过程中，单位应明确培训目标，确保每一位员工都能在其所处的岗位和层级上获得适宜的培训内容，从而最大化培训效果，提升整体工作效率。

培训体系的系统性要求从组织目标出发，构建符合单位发展需求的培训架构。组织应根据其职责和任务的复杂性，以及员工的职业发展路径，合理制订培训计划。首先，培训内容必须紧扣事业单位的实际需求，覆盖业务能力、管理技能、创新思维等多个领域，以提高员工在日常工作中的专业素养和工作效率。与此同时，单位需要确保培训内容与岗位职责高度契合，使培训不偏离实际，能够在具体工作中发挥直接作用。在这一基础上，培训形式应多样化，针对不同员工群体的学习特点和需求，采用集中培训、在线学习、导师带教等多元化手段，既能保障学习的系统性，又能增强其灵活性与适应性。培训的周期设计也应根据单位的运营节奏和员工的学习进度进行调整，避免过于密集或过于分散的培训安排，以防止员工因频繁的培训而产生疲劳感，影响工作状态。与此同时，培训周期的设计也应考虑到持续性和长效性。事业单位的员工培训不是一次性的知识灌输，而应是一个长期、动态的过程。为此，需要通过定期的评估机制，对培训效果进行反馈和修正，确保培训内容和方式不断适应业务的发展变化，满足员工不断成长的需求。

在培训机制的实施过程中，个性化的培训需求识别和反馈机制尤为重要。不同层级、不同岗位的员工，其培训需求存在显著差异，因此需要采用差异化的培训方法。例如，基层员工的培训侧重于提高基础操作技能和日常工作能力，而管理层员工则需要在领导力、决策能力和跨部门协调等方面得到更深层次的培训。此外，技术岗位的员工需要掌握先进的专业技术，而行政管理岗位的员工则更需要提高政策理解能力和事务处理能力。为了实现这一目标，单位应根据员工的岗位职责和发展阶段，灵活安排培训内容，做到因材施教。

培训方式的选择应具有高度的灵活性和多样性，尤其是在信息技术飞速发展的当下，在线学习和混合式学习已成为重要的培训手段。利用互联网平台和现代化的信息技术，员工可以通过灵活的时间安排进行自主学习，极大地提高了学习的便捷性与效率。在线培训能够打破地域和时间的限制，减少了因集中培训而产生的成本和资源浪费，尤其在规模较大的事业单位中，在线学习提供了一个更为可行的解决方案。仅仅依靠线上学习的单一模式并不能满足所有员工的需求，因此，事业单位应结合实际情况，将线上学习与传统的面授培训、岗位轮换等方式相结合，形成灵活多样的学习路径。

岗位轮换作为一种培训方式，不仅有助于员工提升跨岗位的工作能力，还能增强团队协作精神，提高组织的整体运作效率。通过岗位轮换，员工可以从不同的工作领域获得经验，拓宽视野，增强解决复杂问题的能力，这对于事业单位的跨部门协作尤为重要。同时，岗位轮换也能够帮助员工发现自身的优势与不足，激发员工的职业兴趣和潜力，最终促使员工更好地服务于组织的长远目标。岗位轮换的实施应当科学规划，避免过于频繁的岗位变动导致员工出现适应问题，影响工作质量。

培训机制的规范化不仅体现在培训内容和方式上，还应通过科学的评估标准来加以保障。在实施培训的过程中，评估不仅是一个形式化的过程，它应当真正成为提升培训效果、调整培训策略的重要依据。通过对培训效果的持续跟踪和反馈，单位能够及时了解员工在培训后的成长变化，为后续的培训工作提供指导依据。评估机制应当具备多维度的特点，既要考虑员工的知识掌握情况，又要关注培训对员工工作表现和工作效率的实际影响。通过建立基于绩效的数据化评估体系，可以更加客观、公正地评估培训成果，为单位的培训战略提供数据支持。

为了确保培训体系的长效性和持续发展，事业单位还应建立健全的培训管理制度。通过明确培训的组织责任、培训师资的选拔标准、培训资源的分配原则等，确保培训工作的规范性和高效性。在这个过程中，培训管理团队应具备足够的专业能力和管理经验，能够有效地组织和协调各项培训活动，避免培训资源的浪费与管理的混乱。事业单位还应鼓励员工积极参与培训，建立奖励机制，激励员工在不断学习中提升自我，进而增强整体团队的竞争力。

事业单位培训机制的体系化与规范化是一个动态发展过程，既需要根据组织需求进行顶层设计，又要在实施过程中充分考虑员工的实际需求，通过多样化的培训方式、科学的评估机制和完善的管理制度，不断优化和调整培训方案。这一机制的不断完善将有效促进事业单位的可持续发展，提高组织的竞争力和员工的职业素养，为事业单位在激烈的社会竞争中占据有利位置提供强有力的支持。

第四节　激励机制与绩效管理的创新

一、激励机制的多元化与个性化

激励机制在事业单位中的作用不可忽视，它不仅直接影响到员工的工作积极性，还与组织目标的实现息息相关。传统的激励方式，通常依赖单一的经济奖励或固定的晋升路径，这种模式在快速变化的现代社会和事业单位职能转型的背景下，已显现出不适应的迹象。为顺应新形势的需求，事业单位亟须进行激励机制的创新，探索更加灵活和多元的激励方式，以适应组织发展的多样性需求和员工个体差异，进而激发员工的创造力和工作热情。

事业单位激励机制的建立首先应关注激励形式的多元化。传统的物质激励方式虽然能迅速满足员工的基本需求，但它的作用往往是短期的，并不能持续激发员工的内在动力。在职能转型的过程中，事业单位的目标和任务可能会发生变化，员工面临着新的挑战和压力，这时，单纯的物质奖励不足以调动员工的积极性。因此，除了传统的工资、奖金等物质奖励外，精神激励逐渐成为重要的补充形式。精神激励通过肯定员工的工作成果、提供更多的学习机会、实施合理的职位晋升等方式，增强员工的归属感和成就感，促进其对工作的投入和热情。与物质激励相比，精神激励更能激发员工的内在动力，是事业单位在现代管理中不可忽视的重要组成部分。短期激励和长期激励并行的策略也应当成为激励机制创新的一个重要方面。在事业单位中，员工的工作表现往往受制于具体任务的完成，短期内的目标实现可以直接反映员工的工作成效。过度依赖短期激励会使员工过于注重即时回报，忽视了长远的职业规划和个人成长。为了实现组织和个人的长期可持续发展，事业单位在设计激励机制时，不仅要通过即时的奖励激励员工的短期表现，还应当将长期激励融入其中。长期激励可以采取职业发展规划、股权激励、长期项目的参与等形式，使员工不仅关注眼前的利益，还能够对组织的长期目标和发展战略产生认同感和忠诚度。这样一来，事业单位能够建立起更加稳定的员工队伍，并促进员工在更长时间内的积极投入。

激励机制的个性化也是其创新中的一个关键要素。事业单位的员工群体往往是多样化的，包括不同年龄层次、不同岗位职能、不同专业背景和不同发展需求的员工。对于这些具有不同特征的员工，单一的激励方式往往难以满足其需求，也难以最大程度地发挥员工的潜能。个性化激励策略通过对员工需求的深入了解，采取符合其个人兴趣、价值观和发展目标的激励方式，实现激励效果的最大化。例如，对于年轻员工而言，职业发展和学习机会可能是他们最看重的激励因素；而对于经验丰富的员工，晋升空间、工作成就感和工作环境的优化可能更具吸引力。事业单位可以通过定期的员工满意度调查、心理需求评估等方式，收集员工的反馈意见，识别其真实需求，制定更加符合其个性特点的激励措施。这样一来，员工的积极性和创造力能够得到充分激发，同时也能增强员工对组织的认同感与忠诚度。

激励机制的创新还应充分考虑事业单位的职能转型对员工行为的影响。在职能转型过程中，事业单位往往需要进行组织结构和工作流程的调整，这可能会使员工面临新的工作内容和新的工作要求。因此，事业单位在进行激励机制创新时，应考虑到员工在这一转型过程中可能产生的不安、焦虑和适应问题。此时，激励机制不仅要关注员工的短期表现，还需要帮助员工顺利适应新环境，增强其对转型过程的信心。例如，通过设立专门的培训项目，帮助员工提升新岗位所需的技能；通过为员工提供更多的职业发展机会，增强其对未来的预期；通过建立公开、公正的晋升机制，确保员工在职能转型后感受到公平。

从更广泛的角度来看，事业单位的激励机制创新还应当关注激励方式与组织文化的契合。在激励机制的设计与实施过程中，事业单位应当确保激励方式与其价值观、发展战略和文化理念相一致。激励机制不仅是对员工行为的直接反馈，更是组织文化的体现。通过创新的激励机制，事业单位可以引导员工的行为，强化组织文化，营造出积极向上的工作氛围，进一步推动组织目标的实现。

在激励机制的多元化与个性化创新过程中，事业单位不仅需要重视激励方式的多样性，还需要提升激励机制的科学性和合理性。创新的激励机制应基于科学的管理理论和实际的工作需求，采取合适的方式引导员工的行为，以提升其工作效率和创造力，最终推动事业单位的转型发展。通过不断优化激励机制，事业单位能够提高员工的整体素质和工作满意度，实现组织和员工的共同成长，为事业单位的可持续发展奠定坚实的基础。

二、绩效考核体系的科学化与精细化

在事业单位的职能转型过程中，绩效考核体系的优化是提高整体工作效率、促进组织发展和增强员工工作动力的关键因素。随着社会需求的变化和公共服务职能的不断扩展，传统的绩效考核模式已经逐渐暴露出其局限性。为了适应新的发展需求，建立更加科学化和精细化的绩效考核体系，已经成为事业单位管理改革中的一项重要任务。

科学化和精细化的绩效考核体系，首先要求对考核目标进行清晰的界定。在职能转型过程中，事业单位的工作内容和职能要求发生了明显变化，传统的单一考核标准已难以全面衡量员工的工作表现。因此，必须根据各岗位的职能特点、工作内容和发展目标制定相应的考核标准，确保考核内容与单位的战略目标高度契合，进而通过科学化的考核体系引导员工在实际工作中发挥应有的作用。这一过程中，绩效考核不仅是对员工过去工作的总结和评价，更是对未来工作的指导和激励。

科学化的绩效考核体系要求指标设置具备一定的客观性和科学性。这不仅是对员工工作成果的量化评价，更是对其工作过程的综合评价。考核指标的选择应当涵盖多个维度，从工作量、工作质量到工作态度、团队协作等方面进行全面考核。这种全方位的评价体系能够更加客观地反映员工的综合能力与工作成果，同时避免了单一评价维度可能带来的误差和偏差。为了确保这一过程的公正性和合理性，必须对各类考核指标进行充分的分析和验证，确保其真实反映员工的实际工作表现。

在构建科学的绩效考核体系时，还需要注重考核的灵活性与差异性。由于事业单位中各类岗位的职能要求差异较大，制定统一的考核标准往往难以适用于所有员工。因此，应根据不同岗位的职责和工作特点，设计有针对性的考核方案。比如，对于行政管理岗位的员工可能需要更多关注其行政效率和服务质量，而科研或技术岗位的员工则应侧重于创新能力和技术成果考查。对于一线工作人员，考核可以侧重于业务执行的准确性和工作效率，而对于管理人员，则可以更多地关注其组织协调能力和决策水平。这种差异化的考核方案能够最大程度地发挥绩效考核的作用，提升考核结果的准确性和指导性。

为了提高考核结果的准确性和科学性，除了对定量指标的严格控制外，还应加强对定性评价的应用。定性评价可以从更为细致的角度对员工的工作态度、团队合作精神、解决问题的能力等方面进行综合评估。传统的定量评价虽能准确反映员工的工作业绩，但对其在实际工作中表现出的个人素质、创新意识和团队精神等难以有效考察。因此，定性评价成为绩效考核体系中不可或缺的一部分。通过定量与定性相结合的方式，能够更加全面、精准地评价员工的综合能力和岗位适应性，确保考核结果真实、全面地反映员工的工作表现。

在实际操作中，如何实现定量与定性相结合的有效评估，关键在于考核方法的设计与实施。一方面，可以通过设定量化的考核指标，例如工作完成量、项目成果等，客观地评价员工的工作成效；另一方面，定性评价可以通过 360 度反馈、同行评价、领导评审等方式，综合考察员工在工作过程中的表现。运用这种多角度、多维度的评估方法，可以避免单一评价标准的片面性，确保绩效考核结果的全面性和公正性。

绩效考核体系的科学化与精细化不仅局限于考核指标和方法的设计，还要求在实施过程中对考核过程的管理和监控进行严格控制。为了确保考核结果的公正性和透明性，事业单位应当建立健全的绩效考核反馈机制，让员工及时了解自己的工作表现和改进方向。考核反馈的透明性能够激发员工的自我提升意识，并为其提供进一步发展的机会。定期的考核结果分析与总结，也是不断优化绩效考核体系的重要手段。通过对考核数据的统计与分析，单位能够发现现有考核体系中的不足之处，进一步完善考核标准与流程，提高考核体系的科学性和适应性。

绩效考核的精细化不仅要求对各类指标进行严格的量化，还应关注细节的精确把控。在考核过程中，单位应避免出现“一刀切”的评价方式，要根据每个员工的实际工作内容和职责进行定制化考核。这种精细化的考核方式能够确保每个员工的工作成绩都被准确地反映，激励员工在各自的岗位上不断进步。

建立科学化、精细化的绩效考核体系，是事业单位职能转型过程中提高工作效率、实现长期发展的重要保障。通过合理设置考核指标，灵活应用定量与定性评估方法，结合差异化的考核方案，不仅能够全面评价员工的工作表现，还能激发其工作动力，推动事业单位持续发展。

三、激励与绩效反馈的及时性和透明度

在事业单位的管理体系中，激励与绩效反馈的及时性和透明度已经成为推动组织目标实现和员工个人发展的关键因素。随着组织环境的变化和对高效能团队的需求不断增加，传统的绩效管理模式已无法完全适应当前事业单位的复杂性与多样性。因此，在创新激励与绩效管理体系时，不仅需要注重激励措施与考核指标的优化，还应充分重视绩效反馈的实时性与透明度，以确保管理效果的最大化。

事业单位的绩效管理制度通常存在一定的滞后性，这种滞后性主要表现为评估结果的反馈不够及时，以及缺乏有效的后续跟进与支持。长时间的反馈延迟会使员工对自身工作表现产生模糊认识，难以形成正确的自我评估和提升方向。反之，及时的绩效反馈能够在短期内为员工提供明确的工作指导，帮助他们清楚地认识到自己在组织中的贡献与不足。这种及时性反馈不仅能加强员工与组织之间的联系，还能够激发员工的工作积极性，使其在面对职能转型或工作挑战时，更加迅速地调整策略和行动。

透明度在绩效反馈机制中的作用同样不可忽视。透明的反馈机制能够让员工全面了解绩效评估的标准和过程，从而消除可能存在的疑虑和不信任感。事业单位的管理层往往面临员工对考核结果持怀疑态度的情况，尤其是在评价标准不清晰或反馈途径不畅通时，员工容易产生对评价体系的不满，进而影响工作态度和团队凝聚力，而通过建立一个清晰、透明的反馈机制，所有员工都能够理解绩效评估的具体维度及衡量方法，避免了评价过程中的偏差与不公，增强了员工对绩效管理的认同感和参与感。

在职业发展的层面上，透明的反馈机制帮助员工清晰地了解自己在组织中的角色与价值。随着事业单位职能的转型和现代化进程的推进，组织结构和工作职责常常发生变化，员工需要及时掌握自己在新环境中的定位。透明且及时的绩效反馈，不仅帮助员工了解当前的工作表现，还能够为其提供发展方向与改进建议，推动其技能的提升与职业路径的优化。特别是在事业单位中，员工多面临较为复

杂的职能职责，因此，通过明确的反馈，员工能够准确评估自己在不同职能领域中的表现，找出个人优势与不足，从而有效规划职业生涯，增强工作动力。

绩效反馈的及时性与透明度对员工的激励效果有着直接影响。激励机制的核心在于通过有效的奖励与激励措施，提升员工的工作热情和工作成果。当反馈机制透明且迅速时，员工能够明确看到自己努力的成果，并获得及时的奖励或表彰，这种正向激励有助于形成员工持续努力的动力。相反，缺乏及时反馈的激励机制，可能会导致员工工作目标的模糊与不确定，降低他们的积极性和创新能力。在事业单位中，员工的工作绩效往往与服务质量和社会效益密切相关，因此，建立及时且透明的反馈机制显得尤为重要，它能够帮助员工看到自己工作的直接影响，并进一步激发他们的责任感和使命感。此外，绩效反馈的及时性和透明度还与事业单位的整体文化建设息息相关。通过建立一个开放、公正的绩效评估环境，组织能够促进不同层级和职能部门之间的良性互动，打破信息壁垒，提升组织内部的沟通效率和协作精神。在一个充满信任和尊重的工作氛围中，员工的自主性和创新性会得到充分激发，整体的团队凝聚力和工作效率也将显著提高。这种反馈机制的建设，不仅是对员工个人工作的评估与激励，更是对组织整体目标和文化价值的支持和强化。

事业单位的职能转型往往伴随着工作内容和评估标准的变化。在这种背景下，建立及时且透明的绩效反馈机制，能够帮助员工更好地适应新岗位和新职责的要求，迅速融入转型后的组织中。及时反馈能够帮助员工在新的工作环境中找到自我定位，清楚地了解自己在变革中的角色和发展空间。同时，透明的反馈机制还能够使员工更好地理解组织的目标与愿景，增强他们的归属感和责任感，从而提高其在职能转型过程中的参与度和工作效率。

事业单位的管理层需要深刻认识到，绩效管理不仅是评估员工工作的工具，更是推动组织发展和文化建设的重要手段。通过建立及时、透明的反馈机制，事业单位可以为员工提供清晰的工作目标和发展方向，帮助他们在复杂的工作环境中实现个人职业发展，同时也有助于提升组织整体效能和社会影响力。总之，激励与绩效反馈的及时性与透明度，不仅能促进员工的成长和提高满意度，也能够为事业单位的持续发展奠定坚实的基础。

第六章　组织文化与人力资源的融合发展

组织文化在事业单位职能转型中的作用越来越受到重视。文化不仅是组织的外在形象,更是内在驱动力的体现,影响着员工的行为方式、工作态度与创新思维。职能转型过程中，组织文化的变革与发展必不可少。首先，组织文化的形成与变革是推动职能转型的基础，职能转型的成功与否，与组织文化的适应性和变革力度密切相关。其次，文化适配对人力资源管理的影响至关重要，只有当组织文化与人力资源管理的理念契合时，才能发挥人力资源管理的最大效能。此外，员工价值观与组织价值观的对接，能够提升员工的归属感与认同感，为职能转型创造良好的氛围。

第一节 组织文化的形成与变革

一、组织文化的定义与构成要素

组织文化是指在特定事业单位内部长期积淀形成的共同认知、共享价值观及支配行为的标准和模式。它不仅体现在明显的外在表现形式，如符号、语言、制度与政策中，更为重要的是涵盖了隐性的深层因素，如人际关系、心理契约、个体与集体之间的默契，以及成员的工作态度与职业理念等。事业单位的组织文化并非一蹴而就，而是通过长期的历史积淀与实践经验的积累逐渐形成，并在此过程中深刻影响着事业单位的运营与发展。

在事业单位中，组织文化往往由多个维度共同交织与构建。首先，显性的文化元素如事业单位的使命、愿景、价值观、规章制度、工作流程及符号等，构成了组织文化的表层。它们在一定程度上展现了事业单位的核心理念、发展方向及其核心业务的具体要求，这些元素是外部和内部人员最容易感知和接受的部分。事业单位的领导层通常通过政策制定、行为规范和规范化的管理手段来传递这些文化元素，引导员工朝着统一的目标前进。显性文化元素并不能完全涵盖组织文化的深层含义，更多的隐性文化因素对事业单位的运作与人力资源管理产生深远影响。隐性文化要素包括单位成员之间的默契、日常工作中的互动方式、相互之间的情感联结，以及对事业单位的归属感等。特别是在事业单位中，员工对单位的认同感、对工作的态度、同事之间的信任等，往往不易被量化，但它们在实际工作中的作用却不可忽视。这些隐性文化元素在很大程度上影响着组织的合作氛围、工作效率及组织成员的行为选择。

事业单位的组织文化还包括个体与集体之间的心理契约。心理契约指的是员工与单位之间非正式、未书面化的期望与承诺。它常常超越了正式的劳动合同与法律规范，影响员工的工作态度和表现。当心理契约得到满足时，员工的工作满意度和忠诚度较高；相反，心理契约的破裂可能导致员工的不满，甚至离职。因此，事业单位需要通过良好的沟通和激励机制，维持并强化这种无形的文化契约，使员工在潜移默化中融入单位的文化环境。

在这一背景下，事业单位的领导风格、管理层与员工之间的沟通方式及决策过程都成为组织文化的重要组成部分。领导者的行为与言论直接影响着员工对组织文化的认同。事业单位的领导不仅是文化的传播者和塑造者，更是文化变革的推动者。在许多情况下，领导者的价值观、行为方式和决策模式都成为组织文化的深刻印记。因此，领导层的文化认同感与行为规范在事业单位的文化塑造中占据着至关重要的地位。

除了领导层的作用，员工在组织文化中的角色同样不可忽视。每一位员工都是组织文化的参与者和传播者，员工的日常行为、言谈举止、工作态度等在潜移默化中塑造了事业单位的文化氛围。尤其在工作群体较大的事业单位中，员工之间的互动和协作更能反映出组织文化的真实性与实践性。通过对员工行为的观察与引导，管理者可以更好地了解组织文化的实际运行情况，从而作出相应的调整与优化。

组织文化在事业单位中的形成与发展，既受外部环境的影响，也受内在动力的驱动。外部环境包括社会、经济、政治等因素，它们为事业单位提供了文化发展的外部条件与制约。组织内部的结构、制度、员工的文化素养及价值观等同样是决定文化走向的关键因素。在多变的外部环境下，事业单位要想持续保持竞争力与生命力，就必须对内强化组织文化建设，确保其能够为组织的发展目标提供坚实的文化支撑。组织文化的构建与优化并非一朝一夕的工作，而是一个长期的、系统性的工程。事业单位在文化建设过程中，需要逐步积累文化资本，形成符合单位特色与发展需求的文化模式。这个过程中，不仅需要对员工进行文化教育与训练，还要通过管理创新、制度创新等手段，不断促进组织文化的升华与更新。在这一过程中，文化的适应性和包容性显得尤为重要，只有文化与时俱进，才能有效适应外部环境的变化，保障事业单位的长期可持续发展。

组织文化作为事业单位内部的“隐形力量”，在提高员工凝聚力、增强单位竞争力、提升服务质量等方面具有深远影响。它不仅是单位内部日常运作的基础，更是使事业单位在变革中保持活力与创造力的重要因素。要实现事业单位的持续发展与创新，必须深入挖掘和优化组织文化的各个要素，确保文化的积极作用能够持续发挥。在这一过程中，领导的引领、员工的参与及制度的保障将共同推动组织文化的良性循环，为事业单位的长远发展打下坚实的文化基础。

二、事业单位组织文化的形成过程

事业单位的组织文化形成过程是一个复杂且渐进的动态演化过程。在这一过程中，多个因素交织作用，彼此互动，共同塑造了事业单位的独特文化特征。不同于商业企业，事业单位的组织文化不仅与其内部的管理和运作机制密切相关，还受到其社会责任、政策导向及服务对象等外部因素的深刻影响。事业单位作为一个特殊的公共服务主体，其组织文化的形成过程在很大程度上反映了其使命、目标和核心价值的确立与落实。

历史背景对事业单位文化的形成具有深远影响。事业单位的建立和发展通常根植于特定的历史和社会环境之中，其文化特点往往带有时代烙印。历史背景不仅塑造了事业单位的基本职能和服务内容，还潜移默化地影响了其文化的形成。随着时代的发展，尤其是在改革开放之后，事业单位的职能和定位发生了较大变化，传统的文化模式逐渐与新的发展理念相融合。历史背景与外部环境的互动作用，事业单位的组织文化不仅是其历史积淀的产物，同时也具备了应对新时代要求的适应性和创新性。

在这一过程中，领导风格是至关重要的因素之一。事业单位的领导层不仅是管理决策的执行者，更是文化塑造和传承的核心力量。领导者的价值观、决策风格和行为方式直接影响着组织文化的方向和内涵。不同类型的领导风格对事业单位的文化氛围具有不同的塑造作用。在一些事业单位，领导者注重团队合作与沟通，推动文化的建设时，强调集体主义和服务精神；而在另一些事业单位中，领导者的个人风格可能会导致文化的个性化色彩较为鲜明，注重权威与控制。这种领导风格的差异，往往影响着员工的行为模式、工作态度及对组织价值的认同。

组织结构对事业单位文化的形成同样起着不可忽视的作用。事业单位的组织结构往往较为层级化，尤其在一些传统的事业单位中，组织架构的复杂性与规范性对文化的塑造起到了强制引导作用。在层级化结构的影响下，单位内部的沟通与决策可能受到一定程度的制约，文化的传递与创新也会面临较大的挑战。随着社会的发展，尤其是信息技术和管理理念的变革，许多事业单位开始打破传统的组织架构，采用更加灵活和扁平化的管理方式，促进了文化的多元化和创新性。组织结构的变革，使事业单位在保持原有文化精髓的基础上，更加注重团队协作与个体创新，这也促使文化在快速变化的环境中不断进化。

外部环境因素对事业单位文化的形成具有显著的影响。事业单位的性质决定了其服务对象往往来自社会的各个层面，外部环境的变化直接关系到事业单位的工作方向与工作方式。例如，政府政策的调整、社会舆论的变化、经济发展水平的提升等，都可能对事业单位的组织文化产生直接或间接的影响。尤其在国家宏观政策发生重大变化时，事业单位往往需要调整自己的文化理念，以适应新的社会需求与政策导向。外部环境的动态变化要求事业单位不仅在内部构建一种适应性强的组织文化，还要应对外部挑战，保持文化的可持续性。

事业单位的文化形成过程还受到其使命、目标和价值观的深刻影响。事业单位作为提供社会服务的组织，其核心目标不仅是经济效益的最大化，更是服务社会、促进社会公平和提高民众福祉。这种使命驱动着事业单位形成一种以公共利益为导向的文化价值体系。单位的文化往往表现为对社会责任的高度认同和对工作专业性的执着追求。这种文化体系的形成，离不开领导层对事业单位使命的认同与承诺，也离不开单位成员对共同目标的理解与追随。在这一过程中，组织成员的价值观念和行为模式逐渐趋同，最终形成了特有的集体文化。

事业单位文化的形成不仅是一个单纯的管理过程，也是一种内在的价值认同与精神凝聚。随着事业单位内部管理机制的逐步完善，文化的建设逐渐从关注制度的规范性转向对员工思想和行为的引导。文化的形成使事业单位的工作环境更加和谐，成员之间的沟通更加顺畅，整体工作效率也因此得到提升。尤其是近年来，随着社会对公共服务质量要求的不断提高，事业单位文化建设逐渐成为推动其持续发展的重要因素之一。

在这一过程中，事业单位的文化通常表现为一种较为稳定的文化基因，但这种文化并非一成不变。事业单位的组织文化是一个不断变化、不断发展的过程，其内涵在不断适应外部环境的变化中逐步丰富和完善。在文化形成的初期，事业单位往往更多地侧重于业务技能和专业知识的培养，而随着时间的推移，文化的重点逐渐转向对成员道德素养、集体主义精神及公共服务精神的弘扬。

事业单位组织文化的形成是一个长期积累与持续演化的过程，历史背景、领导风格、组织结构与外部环境等因素共同作用，推动着文化的构建与发展。事业单位文化的形成，不仅是组织内部管理的需要，也是组织成员价值观认同的体现，更是其服务社会使命的内在驱动力。通过对这些因素的深入分析，可以更好地理解事业单位组织文化形成的过程及其对事业单位发展和社会服务的深远影响。

三、组织文化的变革与发展

在当前社会和经济背景下，事业单位面临着日益复杂的内外部环境变化，要求其在管理模式、服务对象、业务流程等方面不断创新与调整。组织文化作为事业单位内部管理的核心组成部分，不仅是工作氛围与价值观念的体现，更是推动业务发展的关键动力。随着外部政策要求的不断更新与发展，事业单位的组织文化必须跟随时代潮流的步伐，进行相应的适应与变革。文化变革不仅是对外部环境变化的反应，更是内部管理升级、提升工作效率、增强组织凝聚力及提高员工满意度的必要途径。

事业单位的文化变革并非一蹴而就的过程，而是一个系统的、渐进的调整过程。随着社会环境的不断变化，尤其是政策导向的更新和民众需求的多样化，事业单位必须通过文化变革确保其服务宗旨与社会责任更好地契合新的时代需求。文化变革首先体现在对事业单位价值观念的重新审视与梳理，这些价值观念不仅反映了单位的历史积淀，也直接影响到员工的日常行为和工作态度。在当今社会，事业单位的文化需要不断在服务效率、透明度、创新精神与社会责任等方面进行优化与完善，从而满足不同利益相关者的期望和需求。

变革的核心环节之一是识别与分析文化冲突点。在事业单位的运营过程中，由于历史背景、职能划分、工作流程等多方面因素的影响，不同部门、不同岗位之间往往会形成各自独立且不完全契合的文化认同。例如，某些部门可能会更加强调传统的管理模式和稳定性，而另一些部门则可能重视创新与变革的方式，导致事业单位内部形成一定的文化壁垒。这些冲突点不仅会对团队协作和信息流通产生不利影响，还可能在更广泛的层面上影响单位的整体绩效。因此，识别并有效处理这些文化冲突点，成为事业单位文化变革的首要任务。只有通过充分了解和诊断文化冲突的根源，才能制定出切实可行的变革方案。

文化变革的实施依赖科学的变革计划与系统化的执行过程。在制订变革计划时，事业单位需要深刻认识到文化的变革并非单一部门或个体能够完成的任务，而是一个组织范围内的集体行动。这要求管理层从战略高度出发，统筹规划变革的目标与路径，确保变革过程中的各项举措能够协调推进。与此同时，变革计划的具体内容必须结合事业单位的实际情况，不仅要考虑到外部环境的压力，还要充分考虑内部员工的思想动态与文化认同感。因此，变革计划的核心应当是一个包括各个层面与方面的综合性方案，涵盖文化价值观的转型、管理模式的创新、激励机制的完善及员工参与感的提升等方面。

在文化变革的实施过程中，多层次的沟通机制和激励机制显得尤为重要。沟通是文化变革的纽带，是贯穿变革全过程的关键工具。管理者需要通过不同渠道与员工进行有效的沟通，使员工充分了解文化变革的背景、目标与实施方式，打消员工对变革的疑虑与不安。尤其是在事业单位中，许多员工可能对于变革的初衷和具体内容缺乏足够的理解，容易产生抵触情绪。为了促进文化的顺利转型，事业单位需要建立起畅通的信息传递机制，让员工在变革的过程中能够及时获得反馈与指导。同时，激励机制也是推动文化变革的重要手段之一。通过建立合理的激励制度，事业单位可以调动员工的积极性，增强他们对新文化的认同感与归属感。在实施变革计划时，适当的奖励与激励措施不仅能够增强员工的参与感，还能够提升他们的工作热情和创造力，为文化变革的顺利推进提供源源不断的动力。

文化变革的最终目标是实现事业单位内部管理的提升与效率的优化。在文化转型过程中，事业单位内部的工作氛围、员工的工作态度及团队的凝聚力都会发生深刻的变化。一种积极向上的组织文化能够使员工更加热爱自己的工作，增强工作投入感，从而提升整体的工作效率与服务质量，而这种文化的变革，不仅是表面的形式变动，更是在单位内部深层次的价值观与工作理念上的根本性变化。

这种深刻的转变会在一定程度上影响员工的行为模式，促进其形成更加高效、协同的工作方式，从而带动单位整体管理水平的提升。

在文化变革的过程中，事业单位还需要关注组织文化的持续性与可持续发展问题。文化变革不仅是应对外部环境变化的短期行动，而且应当是一个长期的动态过程。在变革实施的过程中，单位需要时刻关注外部环境的变化，定期评估变革效果，及时调整优化变革方案。只有不断根据内外部环境的变化进行文化的适时调整，才能确保事业单位在激烈的市场竞争与社会变革中始终保持活力与竞争力。

事业单位的文化变革是一个复杂而系统的过程，需要从多个层面进行规划与实施。通过准确识别文化冲突、科学制订变革计划、加强沟通与激励机制的建设，以及关注变革的持续性，事业单位能够在新形势下实现更好的管理提升、员工满意度提高和服务质量优化。

第二节　文化适配性对人力资源管理的影响

一、文化适配性对招聘和选拔的作用

在现代事业单位的招聘与选拔过程中，文化适配性已经成为评估候选人是否符合组织要求、是否能够快速融入工作环境的重要因素。文化适配性是指员工的个人价值观、行为方式、工作习惯与组织文化的契合程度。这一概念的提出是基于对组织与员工之间相互适应的需求，强调了组织文化对员工个体行为及其在组织中的长期发展所产生的深远影响。在事业单位的招聘体系中，文化适配性与员工的绩效、团队协作、组织凝聚力等各个方面息息相关，其重要性愈加突出。

事业单位的组织文化通常具有其独特性，体现在管理理念、工作方式、价值观念、工作流程等方面。组织文化不仅塑造了事业单位的核心竞争力，也影响着员工的行为准则和工作态度。在这种背景下，文化适配性便成为招聘与选拔过程中的一项关键考量。通过对候选人文化适配性的评估，组织能够更好地判断其是否具备融入组织文化的潜力，并预测其在特定工作环境中的适应能力。只有当员工的个人价值观与事业单位的文化氛围相契合时，双方才能实现长期的共同发展。

为了有效评估文化适配性，事业单位通常会在招聘过程中采取多种方法，包括面试、心理测试、情景模拟等形式。面试环节不仅关注候选人专业能力和经验的匹配程度，还会对其价值观、工作习惯、团队合作等方面进行评估。例如，面试官可能通过情境性问题来判断候选人如何在特定情境下作出决策，以及这些决策是否符合组织文化的要求。此外，一些事业单位还会通过心理测试工具对候选人的个性特点、价值观及工作倾向进行分析，以了解其是否具备与组织文化高度契合的特质。这种综合的文化适配性评估方式，不仅能够揭示候选人的内在潜力，也能够帮助单位避免因文化不匹配而导致的员工流失或工作冲突。

文化适配性在员工融入组织、提升工作效率、促进团队协作等方面具有深远影响。研究表明，文化适配性较高的员工在组织中往往表现出更强的工作投入感和更高的工作满意度。他们能够更快速地理解并遵循组织的工作流程和规范，更易于与同事和上级保持和谐的工作关系，从而提升团队的整体效能。文化适配性较强的员工更能积极认同组织的目标和使命，在工作中展现出较强的责任感和创新能力。在事业单位的特定背景下，文化适配性良好的员工往往能更好地理解组织的公共服务性质及使命，并在工作中注重服务质量和效率，进而推动单位目标的实现。另一方面，文化适配性不足的员工则可能在组织中出现适应不良的现象。这种现象常常表现为员工对组织文化的认同感较弱，导致他们在工作中缺乏积极性、创新力和团队合作精神，甚至可能产生职业倦怠感和离职倾向。在事业单位，尤其是公共事业领域，这种员工的不适应性可能会对整个团队的士气和工作氛围产生消极影响。尤其是在服务导向强、要求高度协作的事业单位中，文化适配性不佳的员工很可能导致工作冲突，进而影响组织整体的运行效率和目标达成。

因此，事业单位在招聘与选拔过程中，将文化适配性作为评估标准，能够有效避免招聘不符合组织文化的员工，进而保障组织的长期稳定与发展。通过文化适配性较高员工的加入，组织能够进一步增强文化的凝聚力，推动单位内部的工作协同和创新。此外，员工在与组织文化的高度契合中，能够获得更多的职业认同感和满足感，这不仅有助于个人职业生涯的发展，也能提升组织整体的工作效率和公共服务质量。

在当前高度竞争的就业市场环境中，文化适配性已经成为事业单位招聘与选拔中的重要参考指标之一。特别是新一代求职者更注重工作环境的契合度、组织文化的认同感，这对组织的人才选拔提出了新的要求。事业单位应当在文化适配性评估上不断创新和优化，通过更具针对性和科学性的选拔机制，确保招募到符合组织文化要求的优秀人才。同时，单位在招聘过程中也应当不断加强对自身文化的塑造与传播，使之更加开放、包容、创新，吸引更多高文化适配性的优秀人才加入，为事业单位的长期发展提供坚实的人才支持。

文化适配性在事业单位的招聘与选拔中发挥着至关重要的作用。组织能够在吸纳人才的同时，确保员工与组织的价值观和行为模式高度契合，从而推动员工与组织的双向发展。这一过程不仅有助于提高员工的工作满意度和效率，也能促进组织文化的深入传播与价值实现，为事业单位的持续发展注入源源不断的动力。

二、文化适配性对员工绩效管理的影响

文化适配性在事业单位员工绩效管理中的作用不可忽视。事业单位作为公共部门的一部分，其组织文化和员工绩效之间存在着复杂的互动关系。员工的文化适配性不仅影响他们对组织目标的理解和认同，还决定了他们与团队的协作方式及在工作中的参与程度。因此，事业单位在人力资源管理中必须高度重视文化适配性因素，设计适合组织特点的绩效管理机制，以实现整体工作绩效的提升。

在事业单位，文化适配性表现为员工在认知、情感和行为层面上与组织文化的契合度。当员工的个人价值观、行为方式和工作习惯能够与单位的价值观和工作文化高度一致时，他们便能更加顺利地融入组织，在日常工作中展现出更好的工作状态。文化适配性强的员工通常对组织的使命、愿景和发展目标有更清晰的认识，能够自发地为实现这些目标而努力，甚至在面临挑战和压力时仍能保持积极的态度和良好的工作表现。这种深度的认同感和归属感，使他们在团队合作中更好地发挥作用，推动整个团队的绩效提升。文化适配性与员工的工作绩效之间存在着密切的联系。员工对组织文化的认同度直接影响他们对工作任务的投入程度。文化适配性高的员工能够更好地理解和接受组织的工作方式与管理理念，从而在完成任务时更加高效、准确，减少了由文化冲突或认知差异带来的工作障碍，而在事业单位，许多任务需要团队合作才能完成，团队成员之间的协同效率是决定整体绩效的关键。文化适配性强的员工往往在团队中能够与同事保持更为顺畅的沟通与协作，这不仅有利于个人能力的发挥，也有助于团队合作精神的培养。团队合作的成功与否往往取决于团队成员对共同目标的理解和承诺，而文化适配性高的员工，正是通过对组织文化的认同与支持，促进了这一目标的实现。

从人力资源管理的角度来看，事业单位应当认识到文化适配性对员工绩效管理的深远影响，进而在设计绩效考核机制时予以充分考虑。现有的绩效管理机制往往侧重于对工作成果和具体行为的量化考核，忽视了员工文化适配性的作用。

如果一个员工在文化上与组织不契合，无论其个人能力如何，都难以充分发挥其潜力，最终影响工作绩效的提升。为了有效地改进员工在工作中的表现，事业单位需要结合组织文化的核心要素，构建一套以文化适配为导向的绩效考核机制。这一机制应当鼓励员工在认同并融入组织文化的基础上，展现出自我驱动和团队合作的精神。考核指标可以更加注重员工对组织文化的认知与践行情况，如员工在集体决策中的参与度、对团队协作的贡献度、对组织价值观的认同程度等方面，进而通过对这些维度的量化和考核，帮助员工不断调整自身的行为方式，提升其在组织中的适应性和表现。

文化适配性高的员工不仅能更好地适应组织内部的变化，还能为组织带来更多的创新和发展动力。在当今社会，事业单位面临着复杂的社会环境与不断变化的工作需求，组织文化在推动单位变革和适应外部挑战方面起着至关重要的作用。当员工能够与组织文化高度契合时，他们往往能敏锐地感知组织的战略调整和管理创新，从而快速适应变化并为组织的持续发展提供支持，而那些文化适配性较差的员工，可能因无法快速调整自己的思维方式和行为模式而错失组织发展的机会，甚至可能造成组织内部的矛盾和冲突，进而影响整体的工作绩效。因此，文化适配性不仅影响员工的短期绩效，还在更大程度上决定了员工在组织中的长期发展潜力。

对于事业单位而言，文化适配性的提升不仅是一个单纯的员工培训问题，更是一项系统性的战略任务。为了在组织中建立起强大的文化适配力，单位应当在招聘环节就注重选拔那些能够与组织文化高度契合的人才。此外，单位还可以通过定期开展文化培训、组织文化活动等方式，帮助员工深入理解和融入组织文化，提升其文化适配性。通过一系列的文化建设举措，事业单位不仅能够增强员工的工作认同感，还能通过文化适配性这一因素提升整体的工作效率和组织效能。

文化适配性对事业单位员工绩效管理的影响深远且不可忽视。事业单位在制定和优化绩效管理机制时，应当充分考虑员工与组织文化的契合度，建立以文化适配为导向的考核体系。通过这种方式，不仅能够促进员工的个人发展，还能推动组织绩效的持续提升。同时，事业单位应将文化适配性作为一种战略资源进行有效管理，以实现长远的发展目标和持续的组织竞争力。

三、文化适配性对员工培训与发展的影响

事业单位在推动员工培训与发展过程中，文化适配性成为影响培训效果的重要因素。组织文化不仅是一个抽象的概念，它代表了组织内外部环境中一系列深层次的价值观、行为模式和工作方式。文化适配性是指员工在与组织文化的互动过程中，如何有效地认同和融入这些文化特征。事业单位在设计和实施员工培训项目时，必须充分考虑文化适配性，以确保员工在既定的文化框架中高效地发展其职业能力。

组织文化的特点直接影响员工的认知方式、行为模式及工作动机。在一个文化适配性高的工作环境中，员工能够自然地与组织的价值观产生共鸣，进而积极参与各类培训与发展活动。这种文化共鸣使员工对培训内容的认同感和参与感得到了提升，提升其在培训过程中的学习效果。相反，在一个文化适配性较差的组织中，员工可能因对文化理念的排斥或不理解，参与度和接受度较低，影响整体培训效果。

事业单位在设计培训项目时，需要结合自身的文化特点来制定相应的培训策略。如果组织文化强调合作与团队精神，那么培训项目的设计应当注重团队合作的培养与实践。例如，可以通过小组讨论、团队任务等形式，让员工在实践中体会并学习如何与他人协作，而如果组织文化强调创新与独立性，培训内容则应注重激发员工的创新思维与自主性，帮助其在自我发展中实现价值。这种对文化适配性的考虑不仅能够增强员工对培训的投入程度，也有助于形成员工与组织之间的相互认同，推动其职业能力的发展。

文化适配性的高低直接影响员工学习新知识与技能的效率。适应性强的员工在进入组织后，能够较快地理解和吸收组织的价值观，在培训过程中更容易将新知识与自己的职业经验结合起来。由于他们能够迅速与组织文化对接，这类员工通常能在短时间内掌握并应用新的工作技能，达到培训目标。这种适应性不仅表现在知识技能的学习上，还表现在对组织文化的深刻理解和融入上。在适配性较强的文化环境中，员工的学习动机更强，他们会主动探索与文化相关的工作方法，提升自己在该文化框架下的职业能力。另一方面，文化适配性较差的员工可

能面临文化冲突或不适应的情况，影响其在培训过程中的表现。此类员工可能由于对组织文化缺乏认同，产生较强的排斥心理，影响其学习态度和参与度。这种文化不适应感不仅会导致他们对培训内容的接受度下降，还可能影响其长期的职业发展路径。在组织中，如果员工感受到组织文化与自身价值观不符，他们可能会在培训过程中表现出消极情绪，影响团队的整体学习氛围。在更为严重的情况下，这种文化适配性差的员工可能会选择离开组织，给事业单位带来人才流失的风险。

因此，事业单位在员工培训过程中，应充分考虑员工的文化适配性差异。在进行培训前，组织需要对员工的文化适配性进行评估，了解不同员工对组织文化的认同程度，并据此调整培训策略。对于适应性较强的员工，培训项目可以更加注重知识的深度与专业性，推动其技能的精进；而对于适应性较差的员工，则可以通过更具包容性的培训内容，帮助其逐步理解并融入组织文化，缓解文化冲突，促进其适应新环境。文化适配性还影响员工的职业发展路径。在一个高度文化适配的环境中，员工往往能够较快融入组织的工作模式和文化氛围，快速提升职业能力，并在工作中实现自我价值。对组织文化的认同感激励员工不断努力，在职业发展过程中追求卓越。这种文化上的契合，能够让员工在职场中如鱼得水，提升其工作效率和创新能力，从而推动其职业发展的快速推进。

事业单位在员工培训与发展的过程中，应将文化适配性作为重要的因素加以考虑，确保员工能够在符合组织文化的培训环境中实现个人职业能力的提升。对于文化适配性较高的员工，事业单位可以通过高强度的专业培训进一步提升其能力，而对于文化适配性较低的员工，则应通过适当的文化引导与融入策略，帮助他们逐步适应组织文化，达到与组织文化的深度契合。只有在这样的背景下，员工才能真正有效地吸收新知识，提高工作效率，并为组织创造更大的价值。

第三节　员工价值观与组织价值观的对接

一、员工价值观的形成与差异性

员工的价值观是在其成长过程中逐渐形成的，受到诸多因素的交织影响。在事业单位这一特殊的组织环境中，员工价值观的形成与发展具有独特的内在逻辑。个人经历、家庭背景、教育程度、社会文化、职业发展等因素共同作用，塑造了员工对工作、生活及社会的基本态度和行为准则。员工的价值观在潜移默化中影响着其行为和与同事、组织的互动模式，进而影响事业单位的整体运行效率与团队氛围。

在事业单位中，员工的价值观往往呈现出多样性和差异性。不同个体的社会化过程、生活背景和职业经历，使他们在对工作目标、组织使命、责任感等方面的认知与理解上存在显著差异。尤其是在多元化的工作环境中，员工的价值观不仅反映了个人的性格特征，还体现在其对集体主义与个人主义、权威与自由、纪律与创新等方面的不同取向。这些差异性在组织内部产生了多层次、多维度的影响，影响着员工的工作态度、行为方式和人际交往模式。因此，理解和把握员工价值观的形成机制对于事业单位的管理者而言至关重要。

员工价值观的形成是一个长期、渐进的过程，其本质上是一个受个人主观感受与社会客观条件双重影响的社会化过程。从个人角度来看，家庭教育与社会经验是价值观形成的关键起点。家庭作为个体最早的社会化环境，往往在价值观的初步塑造上发挥着重要作用。家长的言传身教、家庭的经济状况、社会关系网等因素都可能影响孩子的价值取向，而在教育阶段，学校教育和同伴关系也对价值观的进一步形成起到了重要的推动作用。尤其是在高等教育阶段，学术氛围、课程内容及师生互动等因素，进一步深化了个人的社会责任感、伦理观念和世界观。

职场经验对员工价值观的塑造则具有更为直接的影响。尤其是在事业单位，员工的工作内容与工作环境具有较强的规范性和制度性，组织文化在一定程度上主导了员工的行为模式。事业单位的组织文化通常强调集体主义、责任感与稳定性，员工在此环境中逐渐习惯并认同这些价值观。事业单位中的个体差异并不会消失，员工根据自身的经历与认知，也会在集体文化中寻找自己的立足点，可能存在着与组织文化不同步的现象。

事业单位在处理员工价值观差异时，必须具备足够的敏感性与适应能力。管理者在面对多元价值观时，不应简单地视其为管理上的障碍，而应当视之为一种资源，能够通过有意识地进行组织管理和文化塑造，促进员工价值观的有机融合。这种融合并不意味着消除差异，而是通过明确共同目标和核心价值，促进员工在个体差异的基础上形成对组织使命和愿景的认同，从而实现组织与个体的共同发展。

有效的员工价值观管理不仅是依据员工的行为规范进行管理，更要从文化层面进行深度设计。事业单位的管理者应当通过多种途径加强与员工的沟通，深入了解员工的思想动态与价值观念。在此过程中，管理者要尊重员工个体的独特性，理解其背后的动机与需求，从而有效巩固员工与组织之间的契约关系。通过建立一个宽容、理解和共融的工作氛围，员工能够在不丧失自我特色的情况下，更好地融入组织文化，从而提升组织的凝聚力和整体效能。

事业单位的组织文化建设是确保员工价值观与组织文化对接的重要途径。一种健康、积极的组织文化能够为员工提供清晰的行为指南与心理指引，使员工在日常工作中自觉地遵循组织的价值观。组织文化不仅要在日常管理中进行传递，还要通过各类培训、沟通和激励机制进行不断强化和巩固。同时，组织文化的建设需要与员工价值观相互适应与调整，不应固守传统的单一模式，而应根据时代变革与员工需求进行适时创新。

管理者应当认识到员工价值观的多样性是事业单位生机与活力的重要来源。通过合理的价值观引导与文化融合，管理者能够有效利用这些差异，形成一支在稳定中追求创新、在和谐中保持活力的团队。在此基础上，事业单位不仅能够提升员工的满意度和工作动力，还能够增强其对组织的认同感与归属感，从而为事业单位的长远发展奠定坚实的基础。

员工价值观的形成与差异性问题，不仅是事业单位管理中需要解决的关键问题之一，也是提升组织效能和员工满意度的重要因素。通过深入理解员工价值观的成因及其差异性，管理者能够在组织文化建设和人力资源管理中作出更加精准的决策，为事业单位的可持续发展提供坚实的保障。

二、组织价值观的传承与塑造

在事业单位的管理体系中，组织价值观的传承与塑造是推动其可持续发展的核心动力之一。组织价值观不仅是事业单位存在和发展的精神支柱，也是决定其文化氛围、行为规范及业务创新的关键要素。它体现了单位的历史背景、社会责任及对员工的行为期许，是事业单位文化的灵魂。正因如此，如何有效地传承和塑造价值观，成为许多事业单位战略制定和管理实践中的重要议题。

事业单位的价值观传承与塑造并非一蹴而就，而是一个动态且长期的过程。其首要任务是使价值观深入人心，成为每个员工行为的内在驱动力。这一过程不仅依赖单位领导者的引导与示范作用，也离不开全体成员的一致认同与自觉践行。单位领导者在传承价值观的过程中扮演着至关重要的角色，作为价值观的引领者，他们需要通过言传身教，彰显价值观的实际价值，并通过具体的管理行为展示其对价值观的坚持。领导者的言谈举止，特别是他们在决策、应对危机及日常管理中的表现，直接影响着组织成员对价值观的感知和认同。单靠领导者的言传身教远不足以确保组织价值观的有效传承。事业单位的组织结构较为复杂，成员来自不同的背景和专业领域，单一的领导示范难以覆盖所有层次的员工。因此，建立系统的价值观传播机制显得尤为重要。通过制度化的手段，事业单位可以确保价值观的广泛传播和深入实践。例如，定期的价值观培训、专题讲座及文化活动等，都是促进价值观深入员工内心的有效手段。在日常工作中，组织可以通过各类形式的会议、团队建设活动及员工交流平台，强化价值观的学习与理解，使其成为员工工作与行为的自觉遵循。

同时，价值观的传承还需要在组织的各项制度设计中予以体现。事业单位的规章制度、奖励机制、考核体系等，都是影响员工行为的重要因素。在制度建设中，事业单位应明确将价值观融入各项管理规范，使员工在日常工作中时刻感知和遵循这些价值观。例如，在员工的绩效评估和晋升体系中，不仅要关注其工作业绩，还应评估其在工作中是否能够践行组织的价值观。这一举措可以有效促使员工在追求个人发展的同时，也积极推动组织文化的建设与传承。

制度设计虽然能够为价值观的传承提供保障，但其效果仍然依靠员工的自觉和认同来保证。为此，事业单位还需要通过文化活动的形式，营造浓厚的组织文化氛围，使价值观在日常生活中潜移默化地影响每一个员工。例如，通过组织主题活动、文化周、志愿服务等形式，不仅能够让员工在实践中深入体验价值观的内涵，还能够增强团队凝聚力和集体认同感。这些活动不仅是文化的展示，也是价值观实践的具体体现，通过团队互动和员工参与，使组织的价值观真正内化为每个成员的自觉行为。与此同时，事业单位的价值观传承应当注重个性化和多样化。在员工培训过程中，除了普遍性、系统性的价值观教育外，还应根据不同部门、岗位及员工的具体需求，提供个性化的培训与发展机会。例如，对于一些管理人员，应更多地强调领导力与团队协作的价值观培养；对于技术岗位的员工，则应加强专业精神与创新意识的培养。通过多样化的培训方式和形式，可以确保不同类型的员工根据自己的职责和岗位，理解和践行组织的价值观，推动单位整体文化的统一性与多样性并存。

在价值观的传承过程中，事业单位还应关注员工的反馈与参与。价值观的塑造并非单向的灌输，而是一个互动和协作的过程。单位应鼓励员工提出自己的意见和建议，尤其是在文化活动和制度设计方面，充分考虑员工的实际需求与感受。通过问卷调查、座谈会等形式收集员工的反馈，能够使单位及时发现价值观传承中的问题并进行调整。这种双向沟通和共同参与的机制，能够增强员工的归属感和参与感，使他们在组织价值观的塑造中发挥积极作用。

从长远来看，事业单位的价值观传承不仅是文化建设的需要，更是实现组织战略目标的重要保障。一个价值观明确、文化氛围积极的事业单位，能够在激烈的社会竞争中保持稳定与持续发展。随着社会环境和技术的不断变化，事业单位也需要根据时代的发展不断调整和更新其价值观。通过制度创新和文化建设，事业单位可以确保其价值观始终与社会发展的需求和员工的期望相契合，从而不断提高组织的凝聚力和竞争力。

事业单位的价值观传承与塑造是一项系统工程，涉及领导者的榜样作用、制度设计的支持、文化活动的推动及员工的广泛参与等多个方面。只有通过多元化的手段和全员的共同努力，才能确保价值观在全体员工心中深深扎根，从而为事业单位的持续发展提供强大的精神动力和文化支持。

第四节 构建高效的团队合作与沟通机制

一、团队合作文化的培育

团队合作文化在事业单位的运转和发展中扮演着至关重要的角色，它不仅影响团队成员之间的协作关系，还直接决定着组织整体运作的效率与成果。高效的团队合作不是成员间简单的分工与协作，而是一个涵盖互信、共同愿景、目标一致及信息透明等多方面因素的系统工程。事业单位面临的特殊工作环境与任务要求，更加需要构建和谐且高效的团队合作文化，这种文化不仅能够促进团队成员之间的沟通和信任，还能最大限度地激发集体的潜能，实现组织与个体的双赢。

事业单位在推进团队合作文化时，首先需要从理念层面进行系统的构建。团队合作的核心理念应该是以共同的目标为导向，强化集体意识和责任感。事业单位的工作通常具有较强的公共性与服务性质，因此每个团队成员不仅要具备个人的专业能力，还应当具备良好的集体意识。为了达成这一目标，组织可以通过内部培训、讨论会、案例分享等多种形式，加强成员对组织目标的认同感，帮助他们将个人目标与组织目标有机结合。通过这一过程，成员不仅能够认识到团队合作的重要性，还能够在实际工作中更好地与其他成员协同作战。

在强化团队合作文化的过程中，事业单位还应重视建立一个开放、透明的沟通平台。有效的沟通是团队合作的基础，缺乏沟通或沟通不畅往往是团队效率低下、冲突频发的根源。为了改善这一状况，事业单位可以鼓励成员提出问题、发表意见，促进上下级之间、同事之间的交流互动。组织应当通过定期的团队活动和集体讨论，增进成员之间的了解和信任，使团队成员在工作中更加顺畅地交流，减少不必要的误解和摩擦。尤其是在面对突发问题或困难时，沟通与协作显得尤为重要，团队成员能够通过充分的交流，在最短的时间内达成一致意见，并采取有效措施应对挑战。

建立健康的团队合作文化，还需要通过多样化的激励机制来增强成员的责任感与集体荣誉感。事业单位的工作环境往往较为复杂，外部环境的不确定性和工作任务的多样性要求团队具备强大的适应能力和执行力。为了激发团队成员的潜力，事业单位可以通过设立奖惩制度、团队评价、优秀团队评选等方式，激励团队成员在工作中发挥主观能动性，推动团队成员向着共同目标迈进。与此同时，组织还应关注个体发展与团队发展的有机结合，通过对团队成员个人能力的培养和提升，推动团队整体合作水平的不断提高。

事业单位在推动团队合作文化时，还需要充分考虑团队的多样性及成员之间的个体差异。不同的成员拥有不同的背景、经验和思维方式，如何让这种多样性成为团队的优势而非障碍，是事业单位面临的重要课题。组织可以通过多元化的团队建设策略，促进成员之间的互补和协作，避免因个体差异而导致的矛盾和冲突。团队成员应当学习如何欣赏和尊重彼此的差异，在协作中形成合力，最终实现团队目标的顺利完成。与此同时，团队合作文化的培育还需要事业单位注重领导力的塑造。在团队合作的过程中，领导者的角色至关重要，他们不仅需要具备出色的决策能力和协调能力，还应当具备高情商，能够识别团队成员的情感需求，并给予及时的关怀与支持。领导者需要通过言传身教，为团队树立榜样，鼓励成员在团队中发挥积极作用。领导者应当采取开放式管理方式，尊重每位成员的意见，并为他们提供充分的机会去展示自己的才能。通过这种方式，领导者能够增强团队的凝聚力，团队成员更加愿意为共同目标而努力。

团队合作文化的成功培育，不仅依赖外部的政策和措施，还需要团队成员自身的不断努力和适应。在团队文化的塑造过程中，每个成员都应当发挥主动性，认同团队的共同价值观和目标，尊重团队的决策和领导，从而提升整个团队的工作效率与协同水平。事业单位应当为团队成员提供一个充满支持与信任的工作环境，让每个成员都能够感受到团队的凝聚力和集体的温暖，激发他们的工作热情和创新能力。

团队合作文化的培育对于事业单位来说具有重要战略意义。它不仅能够帮助单位提高工作效率，优化资源配置，还能够增强组织的凝聚力和适应能力。通过创建一个健康的团队合作文化，事业单位能够更好地应对各种复杂工作的挑战，并在激烈的社会竞争中占据有利位置。事业单位应当从理念、沟通、激励、领导等多个方面入手，全面推进团队合作文化的建设，为单位的可持续发展提供强大的动力支持。

二、沟通机制的优化与创新

在事业单位中，沟通机制的优化与创新对组织效率的提升起着至关重要的作用。随着社会环境的变化及信息技术的不断发展，事业单位面临着复杂的工作需求和多样的管理挑战。在此背景下，推行有效的沟通机制不仅有助于增强组织的凝聚力，还能够确保资源的高效配置与信息的顺畅流通，为事业单位的持续发展奠定坚实基础。

事业单位的沟通机制，不仅是日常的口头交流或简单的信息传递，而是一个多层次、全方位的信息互动体系。有效的沟通能够促进上下级之间的协调与配合，确保决策迅速而精准地传达至执行层面，同时确保基层员工的反馈与建议及时传达到管理层。这种双向流动的信息传递方式，有助于在决策与执行之间架起桥梁，避免信息滞后和决策失误，提高整体工作的效率和质量。

在这一过程中，定期的团队会议是实现沟通的一个重要形式。团队会议不仅为上下级提供了一个直接交流的平台，也为不同职能部门的协作提供了契机。通过会议，管理者能够向团队成员传递工作目标、战略方向及具体的执行计划，而团队成员可以在会议中及时提出工作中的问题和挑战，管理者则可以根据实际情况进行调整和优化。这种定期沟通的模式有助于减少信息不对称，避免因信息传递不畅而引发误解或工作滞后。同时，定期会议也是组织对团队绩效进行监督和反馈的一个有效途径。通过对会议内容的总结和后续行动的跟进，可以对工作的执行情况进行及时评估，并有针对性地提出改进意见和措施。

跨部门协作平台在事业单位中的应用，进一步推动了组织内部信息的共享与流动。在传统的工作模式中，部门之间往往存在一定的信息孤岛，部门之间的信息共享和资源调配效率较低，而通过设立跨部门协作平台，组织可以实现不同部门的无缝对接，打破部门间的沟通壁垒。无论是业务流程的协同，还是资源的共享，跨部门协作平台都能够帮助不同部门实现信息和数据的实时更新与共享，从而提高工作效率，避免因信息滞后或资源分配不均而造成工作障碍。

随着数字化转型的推进，事业单位在沟通机制的创新上也逐渐依赖现代信息技术的支持。数字化沟通工具的引入，为信息流动提供了更加快捷和高效的途径。无论是电子邮件、即时通信工具，还是工作协同软件，数字化沟通工具使信息的传递不再受时间和空间的限制，极大提升了工作效率和灵活性。通过这些工具，管理者可以随时随地了解工作进展，员工可以实时反馈问题和建议，确保工作在预定时间内顺利推进。数字化沟通工具不仅提高了沟通的效率，也为组织提供了更强的数据分析能力，管理者可以通过分析沟通记录、项目进度和团队反馈，发现工作中的潜在问题并及时调整战略和措施。虽然数字化沟通工具在事业单位中应用广泛，但其发挥作用依然依赖组织内成员的信息素养和工具的适应能力。在数字化转型过程中，组织需要对员工进行必要的培训，帮助他们熟练掌握各种沟通工具的使用方法，避免因工具的使用不当影响沟通效果。与此同时，管理者还应当注重信息的精准性与安全性，避免信息过载和数据泄露问题。因此，事业单位在推动数字化沟通工具应用时，还需制定相应的制度规范，确保信息的高效流动与安全管理。

事业单位要想优化和创新沟通机制，必须注重沟通文化的建设。沟通文化是一种组织氛围，它影响着成员在工作中表达思想、分享信息的方式。建立开放、透明的沟通文化，能够促使员工主动分享意见，增强团队合作精神。在这种文化氛围下，信息不再是单纯的指令性传递，而是一种互动式的交流。管理者不仅要做好信息的传递，更要倾听员工的声音，理解他们的需求和困惑。建立良好的沟通文化能够激发团队的创新力，增强员工的归属感和责任感，提升组织的整体战斗力。沟通机制的优化还需要关注反馈机制的建立。反馈是沟通中的重要环节，它能够帮助员工了解自己的工作表现，并根据反馈信息进行改进和调整。事业单位可以通过设立定期的反馈环节，帮助员工及时发现工作中的问题，并为其提供改进方向。反馈不应是上级对下级的评价，更应该是双向的，员工对工作流程、管理方式和制度执行的反馈同样重要。通过构建全面的反馈机制，事业单位可以不断调整工作策略，优化组织架构，提高工作效率和员工满意度。

沟通机制的优化与创新是事业单位提升整体工作效率的关键。通过定期团队会议的举行、跨部门协作平台的建设、数字化沟通工具的应用、沟通文化的培育及有效反馈机制的建立，事业单位可以打破信息壁垒，促进资源共享，提升组织的整体协同能力。这不仅有助于提高工作效率，更能够促进组织内部的合作与创新，确保事业单位在复杂的社会环境中持续发展和壮大。

三、冲突管理与团队协同

在现代事业单位的管理实践中，团队协同的有效性往往受到各种因素的影响，其中冲突管理无疑是影响团队合作效率的重要因素之一。冲突不仅是团队中成员个体之间的意见分歧或利益对立的表现，更是在组织发展过程中不可忽视的一部分。特别是在那些涉及多元化背景的事业单位中，团队成员的文化差异、价值观念、工作习惯及思维方式的不同，往往是引发冲突的根源。因此，如何在工作中识别并妥善处理冲突，成为保障团队高效协作的关键。

在事业单位中，冲突并非全然负面，它可能促使团队成员通过辩论和讨论，促进思维的碰撞，形成更具创意和可行性的解决方案。如果处理不当，冲突可能会引发个人情绪的激化、团队士气的下降，导致团队合作的瓦解。为了确保团队在冲突中保持良好的合作状态，事业单位需要采取一系列有效的冲突管理策略。

建立冲突预防机制是管理冲突的首要步骤。对于团队中的潜在冲突源，管理者应通过多维度的视角进行分析，识别可能导致冲突的风险因素。例如，团队成员的工作任务分配不公、信息沟通不畅、角色定位模糊等问题，往往是冲突发生的前兆。因此，事业单位应定期开展团队合作和沟通技巧的培训，提升员工解决问题的能力和团队意识。通过培训，不仅可以增强员工的自我认知能力和情绪管理能力，还可以使他们更清晰地理解团队合作的共同目标，减少因为个体差异引发的冲突。

冲突管理的另一项关键任务是建立有效的冲突处理机制。团队成员在工作中会不可避免地遇到意见不合的情况，如何及时有效地解决这些问题，避免其演变为更大范围的冲突，考验着管理者的协调能力。在这方面，事业单位可以设立专门的冲突协调小组或岗位，负责对团队冲突进行调解和解决。这一机制的作用在于能够及时识别团队成员之间的矛盾并采取适当的方式进行调解，而不是任由冲突激化。调解过程中，管理者不仅要充当中立方，保持公正和客观，更需要具备较强的沟通技巧，能够引导双方理性表达意见，达成共识。

在具体的冲突处理过程中，事业单位应提倡开放式沟通和主动倾听。很多时候，冲突的升级源自信息的不对称和沟通的障碍。通过开放式沟通，团队成员可以更清晰地表达自己的立场和需求，同时也能够更好地理解他人的意见和看法。作为管理者，不仅要鼓励团队成员在冲突发生时理性表达，还应引导他们倾听对方的观点，充分考虑不同意见的价值，在尊重差异的基础上达成共识。有效的沟通可以帮助消除误解，增强团队成员之间的信任感，为冲突的解决提供更为坚实的基础。

冲突管理不应局限于问题解决本身，事业单位还应在冲突管理的过程中，强化团队的协作意识。通过组织定期的团队建设活动，增强成员间的互相了解和支持，能够有效地避免冲突的积累。在团队建设活动中，团队成员有机会分享自己的工作经验与个人见解，增进彼此的情感联系，提升团队凝聚力。这样一来，即使遇到意见分歧或冲突，团队成员也能够以更包容和理性的心态面对，从而减少冲突对团队合作的负面影响。事业单位应充分认识团队冲突管理是一个持续的过程，而非一次性的工作。随着团队规模的扩大和任务的日益复杂，冲突管理面临的挑战也会不断变化。因此，事业单位不仅要在日常管理中持续关注团队成员的心理状态和团队氛围，还应定期评估冲突管理机制的效果，及时调整和完善相关管理措施。在这一过程中，领导者的角色至关重要。领导者不仅需要具备应对冲突的技巧，还要通过自身的行为为团队树立榜样。领导者的情绪管理和决策能力，直接影响团队在冲突面前的反应。通过以身作则，领导者能够传递正确的价值观，促进团队成员在处理冲突时保持冷静和理性。

事业单位在实施冲突管理时，还应重视人力资源的优化配置和心理支持。对于一些长期存在冲突的团队，管理者可以考虑调整团队成员的岗位或任务分配，以减少由长期矛盾造成的工作效率低下。同时，事业单位还可以考虑为团队成员提供心理辅导和支持，帮助他们调节情绪、缓解压力，有效地预防和化解冲突。

冲突管理在事业单位的团队协同中占据着极为重要的地位。通过建立系统的冲突管理机制，提供员工培训、设立协调小组、优化团队建设等手段，事业单位能够在面对冲突时迅速作出反应，保障团队的高效运作。在这一过程中，领导者的决策与调节能力，团队成员之间的沟通与协作能力，以及冲突管理机制的不断完善，都是确保团队任务协同顺利推进的关键因素。因此，事业单位应将冲突管理作为提升团队效能、促进组织发展的重要环节，持续重视与实践。

第七章　事业单位职能转型中的人力资源管理创新

在职能转型的背景下，事业单位的人力资源管理创新成为提升组织效能、激发员工潜力的重要途径。人才流动与组织灵活性提升，是人力资源管理创新的重要方向。职能转型要求组织更加灵活、反应敏捷，以适应外部环境的变化，而人才流动则是提高组织灵活性的关键。同时，绩效导向与激励机制的创新，能够激发员工的积极性与创造力，推动组织目标的实现。高层次人才与管理者的培养模式，关系到转型过程中核心能力的建设，而数字化技术的引入，又为人力资源管理提供了全新的视角和工具，改变了传统的人力资源管理模式。

第一节　人才流动与组织灵活性的提升

一、加强事业单位内部人才流动机制的建设

在当前事业单位的职能转型过程中，内部人才流动机制的建设显得尤为重要。随着社会和经济环境的变化，事业单位不仅要适应新形势下的各类挑战，还必须灵活应对外部环境和内部需求的快速变化。因此，构建科学、高效的内部人才流动机制，已经成为提升事业单位管理效能和服务水平的关键因素之一。

人才流动的核心在于打破现有的岗位壁垒，实现人力资源的优化配置。长期以来，许多事业单位存在着职能岗位固化、晋升通道狭窄、人员配置不均衡等问题，导致一些员工因无法在现有岗位上充分发挥自身优势而产生挫败感。与此同时，部门之间信息流通不畅、知识积累和经验共享困难，也使组织创新和效能提升面临一定的障碍。因此，事业单位在职能转型过程中，必须建立更加灵活和开放的人才流动机制，使员工在不同岗位间灵活调配，充分发挥其潜力。

一种有效的内部人才流动机制首先应从优化岗位结构入手。在岗位设置上，事业单位应根据各部门的实际需求和未来发展规划，科学合理地设置各类岗位，避免出现因岗位设置不合理导致的人员冗余或空缺。同时，岗位的功能和责任要明确，避免因岗位职能模糊影响人员调动的有效性。岗位调整与轮换不仅可以促进员工的多元发展，还能增强组织的适应性，确保人员的合理配置，提升单位整体的服务效能。另一方面，建立健全的调岗制度是确保人才流动顺畅的关键。调岗制度应结合组织的战略目标和员工的个人职业发展需求，兼顾组织效能和员工发展。对于员工来说，调岗制度不仅能够帮助其根据自身兴趣和职业规划作出职业选择，也能够通过跨岗位的经验积累，提高其综合能力，增强其对组织的贡献，而对于事业单位来说，调岗制度能够有效提升员工的工作积极性和创新能力，避免因岗位单一或固定化出现的倦怠和工作低效。此外，调岗过程中，组织应考虑员工的能力结构与岗位要求之间的匹配度，确保调岗后的员工能够在新的岗位上

更好地发挥作用，进一步提升组织效能。

跨部门和跨单位的人才流动机制是进一步增强组织活力的必要手段。在传统的事业单位管理模式中，部门间往往存在较为明显的信息隔阂和协作障碍，员工的知识和经验主要局限在本部门范围内。为了促进各部门之间的协同合作和知识共享，事业单位需要建立跨部门的流动平台，鼓励员工跨部门交流与学习。这不仅能够拓宽员工的视野，提升其跨领域的综合能力，也有助于促进部门之间的沟通与协作，推动组织的创新发展。

更进一步，跨单位的人才流动也具有重要战略意义。在一些大型事业单位，尤其是涉及多个职能领域和服务平台的单位，内部人才的跨单位流动能够打破行政壁垒，增强资源的灵活配置。这一机制能够帮助员工积累更为丰富的工作经验，提升其在不同领域的专业能力，同时也能为事业单位的整体战略实施提供更多的选择和支持。定期的人才交流、合作与轮岗不仅能够实现人才的最优配置，还能增强单位之间的协同效应，提升组织在各个领域的综合竞争力。

要确保人才流动机制的顺畅运行，事业单位还需要从制度建设和文化塑造方面进行深层次的创新。首先，在制度建设方面，组织要建立完善的考核和激励机制，确保人才流动的公平、公正和透明。建立合理的绩效考核体系能够有效评估员工在不同岗位上的表现，并为其提供相应的激励与奖励，从而激发员工的工作积极性和创造力。制度的完善还应包括对人才流动过程中的信息反馈与绩效评估，确保各类流动安排的可行性和有效性，为进一步的人才调配提供数据支持和决策依据。事业单位在推动人才流动的过程中，应注重组织文化的塑造。文化对员工的行为和态度有着深远的影响。在职能转型和人才流动的过程中，事业单位要积极倡导创新、开放、协作的文化氛围，鼓励员工跨越部门和单位之间的壁垒，推动知识的共享与整合。良好的组织文化能够激发员工的归属感和责任感，使他们在不同岗位和部门间流动的过程中，始终保持高度的工作热情和对单位的忠诚度。

为了进一步提升人才流动的效率和效果，事业单位还可以通过数字化手段进行辅助管理。现代信息技术的发展为人才流动机制的优化提供了更多可能。通过建立统一的数字平台，事业单位可以实时掌握员工的工作动态、能力提升、岗位需求等信息，为人才流动提供更加精准的决策支持。此外，数字化工具还可以帮助管理者对人才流动的过程进行跟踪与评估，及时发现问题，调整相关政策与流程，确保人才流动机制的顺利实施。

事业单位要在职能转型中取得成功，必须认识到人才流动机制的核心作用。通过建立更加开放、灵活和科学的人才流动制度，事业单位不仅能够有效提升员工的综合素质和工作效率，还能通过跨部门和跨单位的协作，激发组织创新潜力，推动单位在新时代背景下的快速发展。

二、完善人才流动的政策保障

在当前事业单位改革与发展过程中，完善人才流动的政策保障是提升其效率与服务水平的关键。随着社会经济的快速发展和市场环境的不断变化，事业单位作为公共服务的重要提供者，面临着人才流动性不足、人员结构老化、创新能力缺乏等问题。因此，优化相关政策，特别是在人事管理和人才流动方面提供充足的保障，成为提升事业单位运行效率和人才活力的迫切需求。

传统的事业单位人事制度通常存在一定的固定性特点，特别是在人员的选拔、任用和流动方面，往往受到严格的编制限制和固定岗位职责的制约。由于编制的僵化和岗位的相对封闭，许多具备优秀能力和潜力的人才在现有的体制内难以得到合理的流动和晋升机会。这种体制性障碍不仅限制了人才的流动，也破坏了单位内部的创新和活力。事业单位要想实现高效运作和持续发展，必须通过建立更为灵活和开放的人才流动机制来突破这些制约。

在优化人才流动政策的过程中，首先需要建立公平透明的选拔和任用机制。这种机制应当确保人才在任职过程中依据实际表现和能力，而非仅仅依赖年资或资历进行评定。公平和透明的选拔机制能够有效防止“关系”或“裙带”现象的产生，确保各类人才都有平等的机会参与竞争。公开、公正、透明的选拔程序能够确保优秀人才脱颖而出，推动事业单位的组织架构更加合理和高效。

与此同时，编制限制也是事业单位人事管理中的一大障碍，尤其是在人才流动和岗位调整方面。编制的严格限制，虽然在一定程度上确保了岗位的稳定性，但也造成了人才无法在不同岗位之间灵活流动，导致了人才资源的浪费和工作效率的低下。因此，突破这一编制限制，探索更为灵活的人员流动机制，是解决人才短缺和流动不足问题的关键。要通过调整编制政策，为各类人才提供更多的流动空间，既能保持事业单位的稳定性，又能提升其灵活性和适应能力。另外，事业单位要为人才的晋升提供更加透明和明确的渠道。晋升渠道的不畅通是导致很多有潜力的员工选择离开事业单位的主要原因之一。如果晋升机制不清晰或无望，许多员工可能会因为看不到前景而选择跳槽或转行。为了留住和激励优秀人才，事业单位应当根据岗位的不同特点和工作需求，设立合理的晋升路径和评估标准，确保员工在职场中通过提升自己的能力和绩效，获得相应的晋升机会。这不仅能够激发员工的工作积极性，也有助于单位整体绩效的提升。

在人才流动过程中，保障员工的基本权益是尤为重要的。在进行岗位调动、职务调整或流动的过程中，事业单位应当为员工提供明确的权益保障，确保在流动过程中员工的待遇、社会保障及职业发展不受影响。特别是对于职务变动或跨部门流动的员工，单位应当根据员工的工作年限、贡献及职位变化，给予相应的待遇调整和职业规划支持。制度化的保障措施既能够增强员工对单位的信任和依赖，也能够减少人才流动可能带来的不稳定因素。

同时，为了保障人才流动的顺利进行，事业单位还应当制定相关规章制度，明确不同岗位的职责和绩效要求。这些制度不仅能够为岗位流动提供清晰的操作指南，也能够为员工设定明确的职业发展方向。在这些规章制度中，应当具体说明各类岗位的工作内容、考核标准及人员流动的具体流程。通过建立科学的绩效评估体系和合理的岗位调整机制，事业单位可以更加精确地识别人才的优势与不足，为其提供有针对性的培训和发展机会，帮助员工不断提升自身能力，进而实现岗位的优化和人才的合理流动。在这一过程中，事业单位的人事管理部门要密切关注各项政策的实施效果，并根据实际情况进行不断调整与完善。特别是在政策实施初期，应当加强对相关制度的宣传和培训，确保所有员工准确理解和运用这些新政策。同时，单位应当设立有效的反馈机制，及时收集员工的意见和建议，根据员工的需求调整政策内容，确保人才流动政策的可行性和有效性。

完善人才流动的政策保障不仅是事业单位人事管理改革的需要，也是提升单位整体管理效能和竞争力的关键举措。通过突破传统编制限制、建立公平透明的选拔机制、明确晋升渠道、保障员工权益及制定具体的岗位职责和绩效要求，事业单位可以有效激发员工的活力和创造力，进而提升单位的服务质量和整体运行效率。

三、提升组织灵活性以适应职能转型需求

在事业单位面临职能转型的背景下，组织灵活性的提升成为实现转型目标的重要前提。传统的组织结构常常存在层级分明、职能分化严重的问题，这种设置虽然在管理初期能够提供一定的规范与秩序感，但在外部环境变化迅速和组织职能需要灵活调整时，却可能成为限制发展的障碍。因此，事业单位要在职能转型的过程中，重新审视并调整其组织结构，特别是要通过扁平化管理和加强跨部门协作，促进组织灵活性，使其更好地应对日益复杂的职能转型需求。

事业单位的职能转型往往涉及服务模式、管理模式、功能定位等多个方面的调整。这些转型不仅需要政策的支持，还需要组织在结构上的适应和调整。传统的多层级管理往往使决策过程冗长，信息流动不畅，决策到执行存在明显的延迟。特别是在复杂的社会和经济环境中，信息更新的速度和市场需求的变化极为迅速，事业单位如果不能快速作出反应，将会错失发展机会。因此，事业单位在进行职能转型时，应当根据新的需求对原有的层级进行适当精简，推动管理的扁平化，以降低管理成本和缩短决策链条的长度，提高组织的响应速度和执行效率。

在实施扁平化管理的过程中，事业单位应重点解决组织内部信息流动不畅和决策滞后的问题。传统的管理体系中，信息常常需要层层传递，最终才能到达决策者，这一过程不仅缓慢且容易导致信息失真。扁平化管理通过减少中间层级，使信息更快速地从基层传递到决策者，减少信息滞后和误差。此外，扁平化的结构也能增强不同部门之间的沟通与协作，避免了部门之间因职能分工模糊而产生的资源浪费和内耗现象。在这一结构下，事业单位能够实现更高效的资源配置和更灵活的应对策略。

除了组织结构上的调整，事业单位还需要通过设立临时性任务小组或项目团队来增强跨部门的协作与合作。跨部门合作不仅能提升组织内部的协同性，还能有效整合各方资源，推动职能转型进程中的关键任务落实。通过任务小组或项目团队的设立，事业单位能够将一线人员、技术人员和管理者聚集在一起，打破传

统部门的界限，专注于特定的职能转型目标。这种团队化、项目化的工作方式，不仅能提高效率，还能促进组织成员之间的相互理解与信任，减少了内部竞争与不必要的冲突，有效提升了组织整体的执行力和创新能力。

在跨部门合作的过程中，事业单位需要注重加强沟通机制的建设，确保信息的实时共享与互动。这要求组织在内部构建高效的信息交流平台，推动各个部门和团队之间的协调与合作。同时，组织还需要强化对团队成员的培训，提升其跨领域的专业能力和合作意识。这样，事业单位可以在职能转型中更好地利用自身的优势资源，提升整体的协作效率和工作效果。另一个关键点是，事业单位在增强灵活性的过程中，要注重优化资源配置，减少不必要的资源浪费和重复性工作。在传统的管理模式下，各部门的职能职责往往明确划分，资源的利用局限性强，某些部门可能会因为缺乏有效协作而导致资源的重复投入，甚至出现内耗的现象。随着职能转型的深入，事业单位需要更加灵活地配置资源，避免过度依赖传统的资源分配模式，而应根据转型过程中的具体需求，合理调配人力、物力和财力资源。这不仅有助于提高资源使用效率，也能在激烈的外部竞争中确保组织的可持续发展。

事业单位职能转型的成功与否，很大程度上取决于其组织的灵活性和对外部环境的适应能力。在当今快速变化的社会中，单一的、僵化的管理结构已经无法满足职能转型的需求。只有通过扁平化管理和跨部门的协作，事业单位才能实现从传统体制向更具适应性和灵活性的现代化管理模式的转型。在这一过程中，组织内部的沟通与协作机制、资源配置策略、人员培训等都需要同步进行优化，确保每个环节都有效推动职能转型的顺利实施。

通过这种方式，事业单位不仅能够在职能转型过程中保持高度的执行力，还能提升整体的创新能力和适应能力，在激烈的市场竞争和复杂的社会环境中占据有利位置。最终，这种组织灵活性的提升将有助于事业单位建立更高效的服务模式、设置更加适应社会需求的职能定位及更加符合现代化管理要求的运作机制，推动事业单位在转型过程中走向更加成熟和可持续的发展道路。

第二节　绩效导向与激励机制的创新

一、引入多维度绩效评价体系

在事业单位转型的过程中，绩效评价体系的设计和实施起着至关重要的作用。传统的绩效考核体系多以定性评价为主，往往无法全面反映事业单位运作中的各项表现，且忽视了职能转型中的新需求。因此，构建一个多维度、可量化的绩效评价体系，不仅能有效提升事业单位的管理水平，还能为推动转型提供强有力的支撑。

多维度绩效评价体系的引入，是对传统考核模式的一种突破，旨在通过多角度的考核框架，全面、客观地评估事业单位员工和组织的表现。这一体系通常将工作效率、创新能力、社会效益等多项内容纳入评估范畴，具体的绩效指标则应与事业单位转型的目标高度契合。例如，随着政府职能向服务型转变，绩效考核的侧重点就应当逐渐从单纯的行政效率向创新成果和社会效益转移。因此，在设计绩效评价指标时，必须充分考虑职能转型的背景和发展需求。

在量化和多维度的框架下，绩效评价不仅要追求精确性，还要考虑多样性和灵活性。这意味着在制定评价标准时，不同岗位的人员应根据其职责与任务的差异，设定具有针对性的考核标准。这一过程要求深入了解每个岗位的职能特点、工作流程及所承担的责任，确保每一项指标都是岗位工作的真实体现。例如，对于管理岗位的人员，绩效考核可以侧重于决策的效率、团队的协作能力及资源的优化利用；而对于一线员工，则可以侧重其工作完成的质量、工作态度及创新能力等方面的表现。通过这样的差异化标准设计，能够确保不同岗位的员工在绩效考核中获得公平、合理的评价，激发其工作积极性与创造力。与此同时，创新成果作为事业单位职能转型中的核心要素之一，也应成为绩效评价的重要组成部分。在当前环境下，创新已不再仅仅指技术和产品的创新，更广泛地涵盖了管理模式、服务手段及工作流程的创新。因此，如何评价一个单位或个人在创新方面的成果，成为制定绩效评价体系时必须考虑的关键问题。绩效评价体系应当通过引入对创新活动的量化评估，鼓励员工在日常工作中提出并实施创新方案，以此推动事业单位在市场环境和社会需求的变化中不断发展与适应。

除了对创新的重视，工作效率也是绩效评价的重要维度。在职能转型的过程中，事业单位常常面临资源配置优化与职能整合的压力，这就要求在绩效考核中充分考虑工作效率的提升。量化的工作效率指标能够明确考核目标，避免人为因素的干扰，从而确保每一项工作任务都在规定的时间内高质量完成。通过设置合理的工作效率标准，可以有效促进各部门之间的协同合作，推动组织内部资源的高效利用，提升整体工作的流畅度和效率。

在此基础上，社会效益作为事业单位的核心价值体现之一，也是绩效评价中不可忽视的方面。随着社会发展的日益复杂和多样化，事业单位的社会责任也变得更加突出。社会效益的评价不仅要关注事业单位在服务群众、推动社会进步方面的表现，还要关注其在资源节约、环境保护等方面的贡献。通过引入社会效益评价，事业单位不仅能够提升对外的服务质量，还能增强在社会中的影响力和公信力。评价体系应当设定相应的社会效益指标，通过调查研究、公众反馈等方式，量化社会效益的实现程度，使事业单位在实现自身目标的同时，也为社会的可持续发展贡献力量。

多维度绩效评价体系的实施，能够有效避免传统绩效考核中过度依赖单一指标的弊端，实现对事业单位的全面评估。与此同时，差异化的考核标准为不同岗位的员工提供了更加公平的评价机制，激励了员工的积极性与创造性。通过引入创新、效率和社会效益等多个维度的考核，事业单位能够更加全面地了解自身在职能转型过程中的表现，及时调整管理策略和工作方法，确保单位的持续发展与稳定运作。

构建一个量化、多维度的绩效评价体系，不仅是事业单位转型过程中提升管理水平的必要步骤，更是实现社会价值与组织发展双重目标的关键。只有在科学、合理的绩效考核机制下，事业单位才能够真正发挥服务社会、推动改革的作用，并在激烈的竞争环境中脱颖而出。

二、构建多元化的激励机制

在当前事业单位的管理与发展过程中，构建多元化的激励机制已成为提升员工积极性、促进组织目标实现的重要手段。传统的激励方式主要依赖物质奖励，随着社会的进步和员工需求的变化，单一的物质激励已逐渐无法满足员工的多样化需求，因此，事业单位需要从物质、精神与发展三个维度构建全面且多样的激励体系，以增强员工的归属感、责任感与使命感，实现更高效的工作推动力和更可持续的组织发展。

物质激励仍然是激励机制中不可或缺的一部分，它主要通过直接的经济奖励来激励员工努力与贡献。在事业单位的特殊环境下，物质奖励通常包括工资、奖金、津贴等。这些奖励在一定程度上能够反映员工的工作成果和绩效水平，是员工努力工作的外部动力。但物质激励存在着一定的局限性，过于依赖物质奖励可能忽视员工内在动机的培养，甚至导致员工的工作热情逐渐消退。因此，单一的物质激励机制往往难以在长远的管理中保持高效性。

在此背景下，精神激励逐渐获得重视。精神层面的激励不仅是简单的荣誉或表彰，它更为深刻地涉及员工的价值认同和精神层面的满足。对于事业单位来说，荣誉表彰具有重要的象征意义，它不仅是对员工过去贡献的认可，更是对其未来发展潜力的激励。通过定期举办优秀员工评选、团队表彰及公共感谢等活动，可以有效提升员工的工作满意度与自豪感。与此同时，事业单位还应当注重创造一个充满信任与支持的工作氛围，让员工感受到自己在组织中的独特价值和重要性。在这样的环境中，员工的工作动力将得到显著提升，进而推动整个组织目标的实现。发展激励是当前事业单位管理中不可忽视的重要方面。在现代职场中，员工的个人发展需求愈发成为激励机制的重要组成部分。事业单位在设计激励机制时，必须充分考虑员工的职业发展期望，通过职业规划、晋升机会、培训与学习资源的提供等手段，员工感受到其个人职业成长与单位发展之间的紧密联系。例如，针对员工在岗位上获得的成就与进步，事业单位可以设计更加明确的晋升通道和职业发展路径。提供多样的培训机会和跨部门的学习平台，不仅能够提升员工的专业能力，还能够增强其职业自信心和长期发展的动力。

与此同时，事业单位还应关注弹性福利这一新兴的激励手段。随着社会对工作的灵活性和多样化需求的日益增加，单一的福利形式已无法满足员工多元化的生活需求。在这一背景下，弹性福利成为一种非常有效的激励方式。事业单位可以根据员工的个人需求和家庭情况，提供灵活的工作安排、带薪假期、健康福利等多种福利形式，以增强员工工作与生活的平衡感，提高员工的工作积极性。例如，允许员工根据个人情况选择合适的工作时间或通过远程办公等方式来提升其工作效率和生活质量，这种灵活的工作方式能够增强员工的组织认同感，激发其更强烈的工作动机。

对于事业单位而言，激励机制不仅是对员工个人进行激励，它还应该与组织的整体战略目标，尤其是职能转型目标相结合。当前，许多事业单位正面临职能转型的挑战，如何通过激励机制调动员工积极参与转型工作的热情，是亟待解决的问题。在此过程中，事业单位应建立与转型目标相契合的岗位绩效与奖励机制。这一机制不仅要求员工根据岗位目标和组织要求完成相应的任务，还需要激励员工主动适应转型带来的新变化，积极拥抱新的工作模式和新的管理理念。为了确保激励机制与职能转型目标的契合，事业单位应制定明确的考核标准和激励政策，确保每一位员工在转型过程中看到自己的价值和贡献，增强其参与转型工作的主动性与积极性。

在设计具体的激励方案时，事业单位应当充分考虑员工的不同需求，避免过度依赖单一的激励手段。例如，年轻员工往往更看重职业发展的机会和挑战，而年长员工则可能更注重稳定性和福利待遇。因此，在构建多元化激励机制时，事业单位需要根据员工的实际情况、岗位特性及组织战略进行灵活调整。通过制定个性化的激励措施，不仅可以提升员工的工作动力，还能增强员工对单位的忠诚度与依赖感。

构建多元化的激励机制是事业单位实现高效管理和持续发展的关键一环。通过物质激励、精神激励与发展激励的有机结合，事业单位能够有效调动员工的工作积极性，并激发他们的潜力，促进组织目标的顺利达成。在职能转型的背景下，事业单位应当将激励机制与转型目标紧密结合，通过合理的绩效考核和奖励措施，确保员工积极参与转型工作，不断推动组织的发展和创新。因此，建立多元化、灵活的激励机制，将为事业单位的长远发展提供源源不断的动力。

三、加强绩效反馈与改进机制

在当前事业单位的管理框架中，绩效管理已成为推动单位持续进步和实现战略目标的重要工具。绩效反馈与改进机制作为这一管理体系的关键组成部分，其作用不仅在于评估员工的工作表现，更在于通过有效的反馈过程实现工作效能的持续提升。通过优化反馈机制，事业单位能够更好地引导员工在实际工作中发现问题、解决问题，提高工作效率与组织效能。因此，建立科学、透明、及时的绩效反馈体系，成为事业单位深化内部管理、提升工作质量的必要举措。

绩效反馈的核心目标并非仅限于完成对员工工作成果的评定，而是通过反馈这一环节，揭示员工在工作过程中可能存在的差距或不足，帮助员工明确改进方向。随着社会发展和技术变革的加速，事业单位的职能和任务也在不断发生变化，这对绩效管理提出了新的挑战。如何在这种变化中保持绩效管理的有效性，如何确保员工的绩效目标与单位的发展战略紧密结合，是值得各级管理者深思的课题。

绩效反馈应体现及时性和针对性。管理者需要定期进行绩效评估，并及时与员工沟通，反馈其工作中的优点与不足。定期反馈不仅能够帮助员工及时调整工作策略，改进工作方法，还能增强员工对绩效管理体系的认同感和参与感。在这一过程中，反馈的内容应具体而精准，避免进行抽象和模糊的评判，确保员工明确理解自己的工作成绩与不足之处。有效的反馈，能够为员工提供明确的行动方向，进而促进员工能力的提升。

绩效反馈应强调互动性。在传统的绩效管理模式中，反馈往往是单向的，员工多是被动接受管理者的评估和意见。随着事业单位职能转型的深入，绩效管理的要求已经发生了根本性的变化。管理者不应只关注对员工的评估，更应听取员工对工作中问题的反馈，了解其在实际工作中遇到的困难与挑战。通过双向互动，管理者能够更全面地把握工作现状，更准确地制定绩效改进措施。同时，员工也能在这一过程中感受到被尊重和理解，进一步增强工作积极性，形成良性循环。

在强化绩效反馈机制的同时，事业单位还应注意动态调整绩效指标。事业单位的职能转型往往是一个渐进而复杂的过程，新的发展要求、政策变化及外部环境的变化都会对单位的工作内容和标准产生影响。为了确保绩效管理体系的持续适应性，单位需要根据职能转型的具体目标，实时调整和优化绩效指标。这一调整应充分考虑单位转型过程中新的工作需求和业务方向，确保绩效考核标准与单位的发展目标相一致。例如，在职能转型过程中，某些岗位可能出现新的职责要求，绩效指标也应随之进行相应的更新与完善，确保所有岗位的工作都能够匹配单位的整体发展战略。

在此过程中，单位的领导层和管理者需要具备敏锐的战略眼光与灵活的管理能力，定期对现有绩效管理体系进行审视与评估。通过对比实际工作与预定目标之间的差距，管理者可以发现绩效管理中的不足之处，进行改进与调整。定期调整绩效指标不仅有助于确保管理体系的有效性，还能帮助单位应对外部环境的不确定性，减少转型过程中可能出现的管理滞后和绩效脱节。

事业单位在执行绩效反馈与改进机制时，还应注重建立有效的激励机制。激励不仅是对员工完成目标的奖励，更是在反馈过程中通过积极引导，激发员工潜力和创造力的一种手段。通过合理设计绩效奖励机制，管理者能够更好地激励员工提升工作能力，推动单位向着既定目标稳步前行。激励机制的设计应结合单位的实际情况与员工的个人需求，避免一刀切的标准化操作。在设定奖励标准时，既要考虑员工的工作成绩，也要兼顾员工的成长与发展，为员工创造更多的职业发展机会和成长空间。在绩效反馈与改进过程中，也不可忽视对员工心理的关注。过于单一或苛刻的反馈可能会导致员工的负面情绪，影响其工作积极性和创新能力。因此，管理者在提供反馈时应注重语言的艺术与情感的表达，通过积极鼓励与建设性批评并行的方式，员工能够在反馈中看到改进的空间与自身发展的可能性。这不仅有助于员工的能力提升，也有助于维护良好的工作氛围和团队合作精神。

加强绩效反馈与改进机制对于事业单位来说，是推动组织转型和提升工作绩效的必要步骤。通过科学合理的反馈体系，结合单位职能转型的实际需求，事业单位能够不断优化其绩效管理体系，实现资源的最佳配置与组织效能的最大化。在这一过程中，领导者的智慧、管理者的细致、员工的参与和组织的适应性将共同决定事业单位在激烈的竞争环境中的生存与发展。

第三节　高层次人才与管理者的培养模式

一、设计有针对性的人才培养体系

在当前社会经济转型和事业单位职能调整的背景下，如何打造一支符合新时代要求的高素质人才队伍，是各类事业单位亟待解决的核心问题。事业单位面临着职能转型和服务模式变革的双重挑战，这不仅要求在工作内容和工作方式上进行相应的调整，还对管理者的综合能力提出了新的、更高的要求。因此，构建一套符合事业单位实际需求的、系统化的、高效的人才培养体系显得尤为重要。

事业单位职能的转型意味着组织在面对社会需求变化时，必须拥有一批能够理解政策、善于创新、具备较强领导力的高层次人才。因此，人才培养体系的设计必须以这些能力的提升为核心内容。培养体系的基础应以理论学习为核心，结合实践锻炼和岗位轮训，做到全面发展。理论学习可以帮助人才从宏观上理解社会发展趋势，掌握国家和地方政策的实施路径与理论依据，使他们在未来的工作中能够更好地适应新的管理模式与运营机制。同时，理论的学习不仅局限于传统的教育体系，还要注重对前沿理论和现代管理方法的探索，尤其是在数字化转型、创新思维等方面的学习。

除了理论学习之外，实践锻炼也是培养高层次人才的一个重要环节。理论与实践相结合的方式，能有效帮助人才在实际工作中将学到的知识转化为可操作的技能，提升解决实际问题的能力。在实践过程中，人才不仅可以增强对事业单位运作的深刻理解，还能更好地把握管理实践中的实际问题，提升其在复杂环境中作出决策和应对挑战的能力。通过岗位锻炼和实际项目的参与，人才可以逐步积累经验，逐步完善其管理能力和团队协调能力。

岗位轮训机制，能够有效避免由于长时间处于单一岗位导致的视野局限和创新瓶颈。通过不同岗位的轮换，人才能够从多个角度、多个维度了解事业单位的运作和发展，更全面地提升自身的综合素质。例如，从一线的管理岗位到策略研究岗位，再到跨部门的协作岗位，能够帮助管理者在实际操作中提升跨部门协调、战略规划、决策判断等多方面的能力。这种多样化的岗位轮换，既可以增强人才灵活应变的能力，又能够增强其对整个组织架构的理解，避免出现管理碎片化和工作的局部化倾向。

在设计人才培养体系时，还必须突出对领导力的培养。事业单位职能转型的成功与否，不仅取决于组织内部人员的执行力，更与领导层能否有效带领团队迎接挑战、推动转型直接相关。培养领导力应从多个方面入手，首先是决策力和战略思维的培养。管理者需要有长远的眼光，能够站在全局的高度进行分析，预测未来的发展趋势，从而在不断变化的环境中作出最为全面的决策。同时，领导者还需要具备较强的组织能力和团队管理能力，尤其是在面对多元化任务和复杂挑战时，要充分调动团队成员的积极性和创造力，保证组织目标的实现。

在创新能力的培养方面，事业单位的管理者必须具备较强的创新思维和应用创新的能力。尤其是在推进职能转型、适应新的社会需求时，传统的管理模式和工作方法往往难以满足要求，创新能力则成为提升事业单位竞争力和灵活性的重要手段。因此，在人才培养过程中，应当通过项目式教学、案例分析等方式，激发管理者的创新思维，鼓励其在实践中大胆探索、勇于尝试新的管理手段与技术手段。

人才培养体系应当注重心理素质和应变能力的培养。事业单位面临的是一个动态变化的社会环境，管理者需要在压力和不确定性中保持冷静，作出理智的判断。通过模拟训练、压力测试等手段，管理者可以在面临突发事件时更加从容不迫，提升危机管理的能力。同时，培养管理者的团队协作精神和沟通能力也是人才培养体系中的重要一环。高效的团队合作不仅能提升工作的整体效率，更能确保在面对复杂局面时，团队高效协作、互相支持，达成最终目标。人才培养体系还应当具备一定的持续性和动态调整机制。在事业单位职能转型的过程中，外部环境和内部需求是不断变化的，因此，人才培养体系不能一成不变。应当建立灵活的评估与反馈机制，根据实际运行情况，不断对培养体系进行优化和调整，确保其始终能够适应新的挑战和发展需求。这种动态调整的机制，不仅能够确保培养体系的高效运行，还能激发组织内部成员的积极性和创造性，使他们在变化的环境中不断进步、不断成长。

事业单位的职能转型对人才提出了更高的要求，尤其是在政策理解、创新能力和领导力培养等方面。因此，设计一套具有针对性的人才培养体系，注重理论学习与实践锻炼相结合、岗位轮换与领导力培养相结合，是推动事业单位职能转型的关键。这一系统化的培养模式可以确保事业单位在面对新的社会发展需求时，具备足够的应对能力与创新动力，更好地实现组织目标和社会责任。

二、建立高层次人才储备计划

在事业单位的长期发展战略中，高层次人才储备计划的建立至关重要。这一计划不仅关系到单位的持续创新与竞争力，更是职能转型顺利进行的关键保障。为了确保事业单位在未来应对环境变化和政策调整，吸引并留住具有潜力的人才是必不可少的。通过科学的规划与合理的引进机制，事业单位能够为职能转型奠定坚实的人才基础。为了实现这一目标，事业单位必须结合其实际需求与发展目标，精确制订人才储备计划，力求在不同层级和不同岗位上都能储备足够的高素质人才。

事业单位应当通过精准的战略眼光，在高校毕业生中识别具有潜力的优秀人才，并通过与重点高校的合作项目引入这些毕业生。优秀高校毕业生作为未来职业发展的潜力股，具备较强的学习能力和适应能力，因此，他们往往能够迅速融入单位的文化与环境，并在工作中发挥积极作用。在此基础上，事业单位还应当探索并实施专项的人才引进计划，吸纳来自不同领域的顶尖人才。这些人才不仅具有丰富的专业知识，还能够为事业单位带来新的思想和创新的工作方法，帮助单位在变革和创新中占据领先地位。

事业单位应当结合自身的发展需求，设计符合不同阶段人才培养和成长需求的多层次、梯队化培养路径。这些路径不仅能够为员工提供清晰的职业发展方向，还能够在不同阶段为其提供适当的支持和资源。对于年轻的管理人员而言，事业单位可以通过提供领导力培训、跨部门交流、项目管理等机会，帮助他们尽快积累经验，提升综合能力。对于已有一定工作经验的中层管理者，应注重为其提供更广阔的国际视野和战略思维训练，使其能够从更高层次思考问题，作出符合事业单位长远发展要求的决策。而对于高层次的管理者和专业人才，事业单位则应通过提供更具挑战性的工作任务、参与重要决策，以及提供更为优厚的资源支持，帮助他们实现职业生涯的进一步发展。这些多层次、梯队化的培养路径将有助于事业单位打造一支既有青春活力、又具备丰富经验的管理团队，为事业单位的转型发展提供多维度的人才支持。

在人才引进和培养的过程中，事业单位还应注重优化现有的招聘和选拔机制。科学、规范的选拔制度可以确保人才的质量和匹配度。在引进过程中，除了关注个人的专业能力和知识背景外，还应注重考察应聘者的综合素质，尤其是其创新能力、团队合作精神及适应复杂环境的能力。事业单位还应通过建立和完善人才的评估体系，定期对员工的工作表现和发展潜力进行全面评估。这不仅有助于为人才的成长提供精准的指导，也能够帮助单位根据实际需求及时调整人才培养策略，确保每一位员工的职业发展都能与事业单位的整体战略保持一致。

事业单位在实施高层次人才储备计划时，必须认识到人才的流动性和市场竞争的激烈性。因此，单位需要建立健全的人才留存机制，营造能够吸引和留住高层次人才的良好环境。这可以通过建立具有竞争力的薪酬福利制度，提供广阔的职业晋升空间，以及打造具有文化魅力的组织氛围来实现。在薪酬和福利方面，事业单位可以参考同行业的标准，根据人才的贡献程度提供差异化待遇，既能够激励优秀人才的工作热情，又能确保单位具备吸引力。事业单位还应注重职业发展的灵活性和多样性，给予人才更多的自主选择空间，帮助其根据个人发展需求调整职业方向，增强人才的归属感和忠诚度。

在现代职能转型的背景下，事业单位面对的挑战不仅是外部环境的变化，还有内部结构的调整和人员的优化。为了有效应对这一系列变化，高层次人才的培养和储备显得尤为重要。通过建立完善的人才储备体系，事业单位能够在激烈的竞争中稳步前行，不仅提升组织的整体效能，更为社会提供更多优质的公共服务。

事业单位要通过制订系统化的人才储备计划，确保引进和培养一批具备创新意识、战略眼光和高执行力的优秀人才。与此同时，通过完善的选拔机制、个性化的培养路径和具有吸引力的工作环境，事业单位不仅能够吸引更多的高层次人才加盟，还能够最大限度地激发人才的潜力，为事业单位的职能转型和可持续发展提供坚实的人才支撑。

三、优化管理者的选拔与评价机制

在事业单位的管理者选拔过程中，随着社会环境的变化和组织结构的不断调整，传统的资历导向模式已不再适应新时代的要求。过去的选拔体系往往重视候选人的工作年限、职位变动和历史绩效等因素，但这些单一的考量标准已难以全面衡量一个管理者的综合能力及其在未来转型过程中可能发挥的作用。因此，事业单位在进行高层次管理者选拔时，必须从更加多元和科学的角度出发，重新审视管理者的选拔标准，强调综合素质的评估和发展的潜力。管理者不仅需要具备胜任当前岗位的专业技能和管理经验，更需要具备引领单位未来转型和发展的能力。

在这一过程中，构建和实施一个科学合理的管理者评价体系显得尤为重要。仅凭资历和历史绩效进行选拔已无法准确反映候选人的全面能力和未来潜力。因此，事业单位需要引入更为细致和全面的评估工具，借助胜任力评估、行为表现观察、关键事件分析等方法，通过多角度、多维度的数据支持，形成对管理者的全面评价。这些方法不仅能够有效评估候选人在当前环境下的适应性，还能够通过深入剖析其在复杂情境下的决策与行动，揭示其在未来可能面临的挑战中展现的领导力和管理能力。

胜任力评估是一种着眼于未来的评价工具，通过对管理者能力框架的建立，可以帮助事业单位明确管理者需要具备的关键素质，包括但不限于战略眼光、组织协调能力、创新能力、团队领导力等。这一方法通过对候选人工作情境的全面评估，尤其是对其能力的潜在评估，能够发现那些具有更大发展潜力和创新能力的管理者，为事业单位在快速变化的环境中寻找具备转型能力的领导者。

行为表现观察是一种较为直接的方法，通过对候选人日常工作中的行为表现进行系统观察和记录，揭示其个性特征、沟通风格和工作态度等方面的特征。此方法有助于评估管理者在不同情境下的应变能力、团队协作精神及人际关系处理能力，这些能力往往是影响组织长远发展的重要因素。此外，行为表现观察通过持续性的跟踪评估，可以帮助事业单位在候选人的实际工作中获取更多信息，更准确地判断其管理潜力和适应性。

关键事件分析是一种通过分析管理者在特定情境下作出的关键决策和行动，来评估其解决问题的能力和决策水平的方法。在选拔管理者的过程中，这一方法可以帮助事业单位了解候选人在面对复杂情况时的决策逻辑和处理方式，以及其在关键时刻的领导风格和执行力。关键事件分析侧重于具体事例的探讨，能够从实际工作中提炼出具有代表性和指导性的案例，为事业单位的管理者选拔提供实证支持。通过对关键事件的详细分析，事业单位不仅可以了解候选人在危机和挑战面前的应对能力，还可以评估其未来在组织转型过程中的表现。

优化管理者选拔与评价机制，需要事业单位在传统选拔模式的基础上，突破固有的经验和资历导向，转向更为科学和全面的综合素质评估。这一过程中，胜任力评估、行为表现观察和关键事件分析等方法的结合，能够为管理者选拔提供更加准确的数据支持，帮助事业单位识别具备创新精神、战略眼光和适应转型能力的优秀管理者。科学的评价机制不仅能为高层管理者的选拔提供依据，还能够为后续的管理者培训和发展提供有力保障，确保事业单位在快速变化的时代背景下，持续吸引、培养和留住符合组织发展需求的管理人才。

第四节　数字化技术对人力资源管理的变革

一、推动人力资源信息化管理

随着事业单位改革与发展，如何提高组织管理效率、优化资源配置和提升服务质量成为管理者亟待解决的问题。在这一过程中，人力资源管理作为事业单位日常工作的重要环节，其高效运作对提升整体管理水平、推动机构职能转型至关重要。近年来，信息化技术的广泛应用为传统的人力资源管理带来了前所未有的变革。通过引入先进的人力资源管理信息系统，事业单位可以实现人力资源管理的数字化、规范化与智能化，进而显著提升管理效率、降低成本、推动职能转型。

人力资源信息化管理的实施能够有效打破传统管理模式的瓶颈，解决传统纸质档案管理带来的存储空间不足、查找效率低、信息更新滞后等问题。借助信息化手段，事业单位能够将人事档案、薪酬绩效、培训记录等各类人力资源数据进行数字化存储和集成管理，实现信息的标准化和统一化。这种集成化的管理模式，不仅可以大幅度减少人工操作所需的时间和精力，还能确保信息的精准传递和及时更新，避免因人为因素造成的错误或遗漏。

信息化管理系统在实现数据集中化和自动化管理的基础上，还能够通过数据分析和挖掘，为事业单位的管理者提供精准的决策支持。通过系统的报表与分析功能，管理者可以清晰地看到各类人力资源数据的变化趋势和实际应用情况，识别可能存在的问题和瓶颈，为下一步的管理决策提供依据。例如，通过对员工绩效数据的全面分析，系统可以识别高绩效员工和低绩效员工，为人力资源的优化配置提供重要参考，为人才的合理流动和职能调整提供数据支持。这种基于大数据分析的管理模式，不仅提升了人力资源管理的透明度，还能够帮助管理者准确判断组织的优势和短板，为事业单位实现精准管理提供了技术保障。

通过人力资源管理信息化，事业单位还可以实现对员工培训、考核、激励等方面的全程跟踪与实时反馈。过去，由于信息存储和传递渠道的限制，员工的培训记录、绩效评定等往往存在信息不对称或滞后，导致管理决策不能及时适应组织的需求。如今，通过应用信息系统，各类培训和绩效数据都能得到实时记录和更新，使员工成长路径、职业发展与薪酬激励紧密结合。这不仅可以促进员工的职业发展，还能帮助事业单位在人才培养、绩效管理等方面实现精准发力。信息化管理系统能够大大降低管理成本和人力投入，尤其在数据录入、核查、汇总等环节，系统自动化处理可以显著减少人力资源部门的日常事务负担，工作人员能够将更多的时间和精力集中于战略性决策和组织发展上。这种流程的优化使事业单位的运行成本得到了有效控制，同时，在面对复杂的管理任务时，能够保持较高的工作效率。通过信息系统的智能化处理，重复、烦琐的工作实现了自动化，减少了人为干预的可能性，降低了错误率，提高了整体管理的质量与效率。

在推动事业单位职能转型的过程中，人力资源信息化管理的技术支持和数据基础无疑起到了至关重要的作用。随着事业单位职能的逐步深化和复杂化，传统的管理方式已经难以适应新的发展需求。在这一背景下，通过信息化手段优化和升级人力资源管理，不仅能够实现资源的优化配置，还能够帮助事业单位顺利应对职能转型中的各种挑战。具体而言，信息系统的引入，能够帮助事业单位更加精准地制定人力资源战略，合理配置人员，提升人员的专业素质和工作能力，为职能转型提供坚实的基础。

更为重要的是，信息化技术能够提升事业单位的决策透明度与科学性。在过去的管理模式下，决策往往依赖经验和主观判断，缺乏充分的数据支持，而如今，借助信息化系统的辅助，管理者可以基于数据作出科学、合理的决策。例如，在面对人员结构调整和职能划分时，信息系统能够提供员工能力与岗位匹配度的分析报告，帮助管理者制定更加符合实际需求的岗位配置和人员调配方案。这种数据驱动的决策模式，使事业单位在职能转型过程中更加精准地应对市场和社会需求变化，保证职能调整的顺利进行。

推动人力资源信息化管理不仅是事业单位优化管理流程、降低成本、提升效率的有效途径，也是促进其职能转型的重要手段。通过信息技术的引入，事业单位能够实现人力资源的数字化、智能化管理，不仅能够提升人力资源管理的效率，还能够为事业单位职能转型提供强有力的支持。在未来的管理实践中，信息化管理将成为事业单位不可或缺的战略工具，推动其朝着更高效、更现代化的方向发展。

二、利用大数据进行人才分析与决策支持

在当今社会，信息技术的飞速发展正在不断改变事业单位的管理模式与决策方式。特别是大数据技术的引入，为人力资源管理和决策支持提供了前所未有的机遇。大数据技术不仅是一种数据处理工具，它通过对海量信息的收集、整理与分析，为事业单位提供了更为精准的人才分析与决策支持。通过深度挖掘员工的核心能力、潜力与个性化需求，大数据能够有效提升决策的科学性与精准度，帮助组织在复杂的环境中优化人才战略，提升运营效率，增强核心竞争力。

大数据的核心价值在于其可以在多个维度上对员工数据进行全面的分析与解读。这些数据涵盖了员工的工作表现、职业发展、培训经历、职位变动、业绩评估等多个方面。这些信息能够为管理者提供有关员工的全面视图，帮助识别员工的优势与短板，进而通过系统的评估，制定更有针对性的培训与发展方案。与此同时，大数据技术还能够帮助事业单位发现员工的潜力，找出那些具备领导力、创新能力或其他关键技能的高潜力人才。这对于事业单位制定人才选拔与晋升机制具有重要的参考价值。

大数据不仅能帮助事业单位识别当前的人才结构与能力分布，还能通过对历史数据的深度挖掘，预测未来的人才需求趋势。随着事业单位职能转型与发展目标的不断变化，原有的人才配置方式可能不再适应新环境下的需求。大数据通过构建预测模型，可以提前识别组织在未来一段时间内可能面临的人才需求变化，帮助决策者为人才供给做好科学规划。在人力资源规划过程中，结合大数据分析，可以制定更符合组织未来发展目标的招聘、培训与晋升政策，为事业单位职能转型提供有力的人才保障。

与传统的经验决策模式不同，大数据技术能够在更大范围内收集信息，消除人为判断偏差，提供更加客观、科学的决策依据。通过对大量员工数据的比对分析，

管理者能够更加精确地了解员工的实际需求与工作状况，在制定人事决策时更加注重个性化与差异化。例如，在员工晋升或岗位调整过程中，有了大数据的支持，可以全面评估员工的能力与适应性，避免传统管理模式中可能出现的“凭经验决策”或“按感情办事”的问题，确保每一项人事决策都能充分考虑员工的个人特征与事业单位的实际需求。利用大数据对人才进行深度分析，还能够帮助事业单位制定更加灵活且有前瞻性的培训与发展战略。大数据能够准确揭示哪些员工在特定岗位上存在潜力，哪些员工在未来可能需要转岗或重新培养，帮助事业单位及时调整人才培养计划，避免在转型过程中出现人力资源短缺的现象。通过数据模型分析，管理者能够根据员工的能力结构、岗位需求与未来发展趋势，制定个性化的培训方案，使每一位员工都能在事业单位的转型过程中得到成长与提升。

大数据技术还在优化人才管理和绩效考核体系方面发挥着重要作用。传统的人力资源管理通常依赖定期的评估与面谈来评估员工的绩效，但这一过程容易受到主观因素的影响，且难以及时反映员工的真实表现，而通过大数据技术，事业单位可以实时跟踪员工的工作表现，全面收集与整理员工的绩效数据。这不仅能够为绩效评估提供更加精准的数据支持，还能够帮助管理者及时发现员工在工作中的问题与需求，及时调整管理策略，提高团队整体的工作效率与满意度。

在人才流动性较大的环境中，大数据技术能够帮助事业单位更好地进行员工的招聘与留才工作。通过对内部员工的工作数据与外部市场的人才供给数据进行对比分析，事业单位可以准确识别哪些领域存在人才缺口，哪些岗位需要紧急补充，进而作出更加高效的招聘决策。同时，大数据还能够分析员工的离职原因，帮助事业单位识别影响员工留任的因素，采取有针对性的措施，提高员工的工作满意度与忠诚度，减少不必要的人才流失。

大数据还能够支持事业单位在职能转型的过程中，更加精确地对现有的人力资源进行重新规划与配置。在组织转型中，部分岗位的职能可能发生变化，部分新兴岗位可能需要快速补充人才。通过大数据技术，事业单位能够提前识别哪些岗位需要进行职能调整，哪些人才可以快速适应新的工作要求，从而制定更为科学的人才配置方案。这不仅能够提高转型过程中的人力资源管理效率，还能够减少因人力资源不匹配导致的职能转型滞后或困难。

通过对大数据技术的深度应用，事业单位的人力资源管理能够从传统的经验型管理转向数据驱动型管理。在这种转型过程中，决策者能够根据真实的员工数据与发展趋势，科学规划人才的引进、培养、留用与流动工作，确保事业单位在快速变化的环境中保持稳定与持续发展。因此，利用大数据进行人才分析与决策支持，不仅是提高管理效率的手段，更是推动事业单位职能转型与发展的关键因素。

三、推动在线培训与知识共享平台建设

随着信息技术的迅速发展，数字化手段在各行各业的应用逐渐增加，尤其在事业单位的员工培训和知识管理方面，数字化转型为提升管理效能、提升人员素质和工作能力提供了前所未有的机遇。传统的培训模式往往受到时间、空间和资源的限制，难以满足快速变化的知识需求和员工个性化发展的要求。数字化技术的引入，特别是在线培训和知识共享平台的建设，为事业单位的员工培训提供了全新的发展路径和解决方案。

在线培训平台的建设，首要的价值在于它打破了传统培训形式带来的时间和空间桎梏。过去，员工只能在有限的时间和地点参加面授培训，而在线平台的出现，使员工能够随时随地通过互联网获取学习资源。这种方式不仅扩大了培训的覆盖面，还使培训能够更好地适应不同员工的需求和学习节奏，进而提高培训的参与度和效果。在平台建设过程中，除了确保技术层面的稳定性和安全性外，还需要注重培训内容的质量与多样性，提供多元化的学习形式和资源，以满足不同层次、不同岗位的员工需求。这种基于数字化平台的学习方式，能够有效降低传统培训的成本，提高学习效率，为事业单位的持续发展奠定人才基础。

除了提供灵活的学习时间和空间外，在线平台还能够为员工提供个性化的学习资源和学习路径。通过对员工的职业背景、工作内容、学习进度等方面的数据分析，平台能够推送定制化的学习内容，帮助员工在短时间内获得最具价值的知识。对于事业单位来说，个性化培训方案的实施，不仅能够提升员工的专业能力，还能够激发员工的学习兴趣和内在动力，促使其主动学习，推动整体工作效率和业务水平的提升。这种个性化的培训模式，能够在传统一刀切的培训方法之外，

更好地适应现代化管理和多样化人才发展的需要，避免了培训资源的浪费，并确保员工在适合自己的领域不断提升。知识共享平台的建设也在事业单位的知识管理体系中占据了举足轻重的地位。事业单位的核心竞争力不仅体现在人员的专业能力上，还体现在其积累的丰富的知识资源和经验库上。传统的知识管理往往依赖各部门之间的线下交流和信息传递，但这种模式难免存在信息孤岛现象，知识流通受阻，无法实现资源的最大化利用。通过建立知识共享平台，员工不仅可以方便地查阅和共享各类知识资源，还能够通过平台参与经验交流和最佳实践的讨论，增强单位内外的知识互动，促进知识的创新和转化。知识共享平台将成为推动事业单位信息流通、经验交流和业务协同的桥梁。

通过知识共享平台，员工之间的互动也得到了进一步的激励和强化。在这个平台上，员工可以分享自己在工作中的成功经验，也可以提出遇到的难题，寻求他人的帮助或集思广益，共同解决问题。这种开放式的知识交流，不仅提升了员工的集体智慧，也增强了团队的凝聚力和合作精神，推动事业单位整体工作效率的提升。知识共享平台还可以根据不同员工的需求和贡献，提供不同的权限和功能，保障信息的安全性和隐私，同时避免信息过载，确保每个员工都能通过平台获得有价值的知识。

在线培训和知识共享平台的有效结合，能够极大地提升事业单位员工的综合能力。平台不仅是员工学习新知识、掌握新技能的渠道，也是他们共享经验、交流思想的重要平台。通过利用不断更新的知识库和学习资源，员工的专业能力得到了持续提高，工作中遇到的各类问题能够迅速得到解决。平台本身还可以作为绩效管理的工具，跟踪员工的学习进度和学习效果，为单位的培训评估提供数据支持，不断优化后续的培训方案和内容，确保培训活动的有效性和针对性。更重要的是，在线平台可以通过数据反馈和学习效果的分析，帮助事业单位全面了解员工的学习情况和能力发展，发现人才培养中的薄弱环节，为未来的人力资源规划和管理决策提供数据依据。这种反馈机制不仅可以帮助管理层调整培训内容，优化学习资源的分配，还能够激励员工保持持续学习的动力，推动其向更高的目标迈进。数据化的管理方式，使事业单位实现精细化管理，更好地提高单位整体的工作效率和竞争力。

推动在线培训与知识共享平台的建设，是事业单位适应现代管理需求、提升员工能力和促进组织持续发展的重要措施。通过在线平台打破传统培训的时间和空间限制，提供个性化的学习资源，结合知识共享平台推动内部经验交流，事业单位能够在不断变化的环境中保持高效运转和持续创新。在这一过程中，平台的建设和管理将直接影响到员工培训的效果和知识管理的效率，因此，事业单位应当注重平台技术、内容和运营管理的全面规划与优化，确保其发挥最大效益，为事业单位的发展提供强有力的人才支持和知识保障。

第八章　事业单位职能转型的可持续发展与战略优化

事业单位职能转型不仅是一次性的变革，更应当是一种可持续的、长远的战略过程。如何在转型过程中保持持续发展的动力，是一个值得深思的问题。人力资源在推动事业单位可持续发展中的作用不容忽视，只有通过合理的人力资源配置，才能实现事业单位职能转型的长期效果。此外，事业单位职能优化的长效机制需要通过不断的制度创新与管理创新来确保，不断调整与完善策略，保持职能转型的持续性。短期与长期战略目标的结合，也是转型过程中必须考虑的问题，短期的效果固然重要，但长远的战略布局同样关键。职能转型的最终目标是为社会创造更大的价值，因此，转型对社会效益的影响必须被纳入战略考量。

第一节 人力资源在可持续发展中的作用

一、人力资源对事业单位可持续发展的战略支撑作用

在人力资源管理日益成为事业单位核心竞争力的背景下，人力资源的优化配置不仅是推动事业单位职能转型的关键动力之一，也是确保其可持续发展的基础保障。事业单位面临的改革压力和外部环境的变化要求其具备更强的适应能力和灵活性，而这恰恰需要人力资源在战略层面的支撑。人力资源不仅是日常运营的执行者，更是实现事业单位战略目标的重要工具和途径。随着社会需求的多样化和经济环境的不断变化，事业单位要保持长期的竞争力，必须确保在组织管理、人才培养、员工激励等方面的创新和突破，形成强大的内生增长动力。

高效的人力资源管理可以帮助事业单位实现职能转型的多重目标。首先，事业单位的职能转型本质上是其组织结构、资源配置、服务模式的深刻变革。这一过程不仅需要在内部管理机制上进行调整，更需要通过精准的人力资源配置来支撑变革的落实。人力资源的合理配置和优化不仅能够提高工作效率和效果，还能够通过激发员工的积极性和创造力，促进组织内部的创新。只有当人力资源的配置和使用符合事业单位的战略目标时，事业单位才能实现持续发展。

人力资源在事业单位职能转型中的战略支撑作用，体现在多个维度。事业单位的职能转型往往伴随着外部环境的变化和内部需求的变化，这要求人力资源管理具有较强的适应性和前瞻性。事业单位的战略目标通常包括提高服务质量、增强组织创新能力及推动内部管理机制的改革等，这些都离不开优秀的人力资源。在人员选拔、岗位设置、培训体系等方面，只有结合实际情况进行有效调整，才能确保人力资源与事业单位的发展目标保持高度一致。

人力资源管理的创新在推动事业单位职能转型过程中扮演着至关重要的角色。面对日益激烈的社会竞争和日新月异的政策变动，事业单位必须通过优化人力资源管理模式来提升其适应性。传统的管理方式往往注重静态的、制度化的

管理，缺乏灵活性和创新性，难以应对快速变化的环境，而新型的人力资源管理方式则强调员工的全面发展、人才的战略性引进及跨部门协作的加强，这不仅能够促进员工的自我成长和团队凝聚力的提升，更能够增强事业单位的整体竞争力。

人力资源管理的有效性直接影响着事业单位的创新能力。事业单位的职能转型涉及组织模式的创新，而组织模式的创新离不开人力资源的支撑。事业单位在推进创新时，需要整合各类资源和技术，推动跨部门协作和信息共享。这一过程要求组织内部的每一位员工都具备较高的专业素养和创新能力，而人力资源管理恰恰可以通过提升员工的专业能力、加强团队合作及鼓励创新来满足这一需求。通过建立灵活的人力资源管理体系，事业单位能够吸引和留住创新型人才，为组织创新提供源源不断的动力。事业单位的职能转型还要求人力资源管理能够有效地促进内部管理的精细化。事业单位在职能转型过程中，需要在流程优化、绩效管理、风险控制等方面进行全方位的改革，这些都离不开人力资源的有效管理。通过精细化的管理，事业单位不仅能够提升内部管理效率，还能增强对外部环境变化的应变能力。人力资源管理在这一过程中起到了“纽带”作用，它能够将战略目标与具体实施措施紧密结合，使各项任务有序推进。

人力资源管理在事业单位职能转型中的作用，不仅表现在推动内部管理改革和提升服务质量等方面，更在于促进组织文化的建设。事业单位的职能转型不仅是业务功能的调整，更是文化理念的深刻变革。在这一过程中，人力资源管理要通过文化引领和价值观塑造来增强员工的认同感和归属感。事业单位的价值观和使命感，能够通过有效的人力资源管理措施，逐步渗透到每一位员工的工作行为中，进而推动整个组织文化的深化和发展。进一步来说，人力资源管理的有效性与事业单位的可持续发展密切相关。事业单位要实现可持续发展，不仅需要在短期内取得一定的成绩，更需要在长期运行中不断增强自身的竞争力和适应力。人力资源是事业单位最宝贵的资产，它在战略层面上具有重要的支持作用。通过对员工的持续培养和激励，事业单位能够不断提升员工的综合素质和专业能力，增强组织的整体竞争力。人力资源的可持续发展同样体现在人才的梯队建设、知识的传承及文化的积淀上，只有形成一个稳定、高效的人力资源系统，事业单位才能在复杂多变的社会环境中持续发展。

事业单位的职能转型与可持续发展目标的实现，是一个系统性的过程，需要从战略层面到操作层面全方位的共同努力。在这一过程中，人力资源的战略支撑作用不容忽视。通过优化人力资源的配置和管理，事业单位能够实现服务质量的提升、管理效率的优化、创新能力的增强，确保职能转型的顺利实施和可持续发展目标的达成。

二、人才的培养与引进对职能转型的推动作用

在当前的社会发展背景下，事业单位面临着职能转型的迫切需求，这种转型不仅是机构结构的调整，更涉及人才结构与功能定位的深刻变革。作为推动这一转型的核心要素之一，人才的培养与引进在实现事业单位的职能重塑过程中发挥了不可或缺的作用。事业单位之所以能够顺利进行职能转型，与其在人力资源方面的战略性调整密切相关，尤其是在人才的引进、培养和激励机制的优化上，起到了至关重要的作用。

事业单位在职能转型的过程中，面临的最大挑战之一就是如何使其现有的人力资源结构适应新时期的职能要求。传统上，事业单位的职能定位通常较为单一，依赖固定的人员和管理模式，这使职能转型往往陷入人才适应性差、创新能力不足的困境。因此，事业单位要实现职能的转型，首先需要对人才的引进和培养进行系统的规划和设计。这不仅是单纯的招聘与培训，更是从长远的战略层面出发，重新审视人才的多元化需求与创新驱动作用。

人才引进的首要任务是根据职能转型的目标，吸引具备新兴领域知识和技能的高端人才。随着现代社会的不断发展和技术的飞速进步，许多事业单位传统的职能领域逐渐受到新的社会需求和政策导向的影响，原有的人才资源可能无法完全适应新的挑战。因此，引进具备高层次专业能力和前瞻性视野的人才，能够帮助事业单位在转型过程中获取新的理念与方法。这些高端人才不仅能为事业单位带来前沿的技术和管理经验，还能有效提升单位的内部创新能力，推动职能的灵活调整和高效运作。单纯依赖外部人才的引进并不能从根本上解决事业单位在职能转型过程中可能遇到的内外部矛盾与资源瓶颈。更为重要的是，现有员工的培

养与能力提升，这一过程不仅是为了填补技术空缺，更是通过持续的教育与培训，提升员工的整体素质和适应能力。事业单位的现有员工往往具备较为深厚的行业背景和经验，因此在职能转型中，他们具有一定的优势。通过对这些员工进行定向培训，使其在转型过程中迅速掌握新兴领域的技能，能够有效减少转型过程中的阻力，提高职能转型的平稳度和实施效率。

为此，事业单位应建立健全的员工培训体系，通过不同层次、不同内容的培训活动，强化员工在新领域中的综合能力。从理论培训到实践操作，从基础技能的提升到高级管理的辅导，培训内容应根据单位职能转型的不同需求量身定制，并结合具体的岗位职责进行有针对性的设计。这种定向化、专业化的培养方式，既可以使员工迅速适应新的工作要求，又能保持其职业发展的动力，进而推动事业单位职能的多元化与现代化。同时，在培训体系的构建过程中，事业单位还应注重人才的多元化发展与跨界能力的培养。随着社会的发展，单一的专业背景已经无法满足事业单位日益复杂的职能需求，因此，跨学科、跨领域的复合型人才成为职能转型的关键要素之一。通过引入跨领域的知识体系和多元化的职业培训，事业单位可以培养出综合型人才，这些人才在面对职能转型中的复杂问题时，能够灵活应对，提出切实可行的解决方案。

更为重要的是，人才培养和引进不仅是对专业技能的要求，更是对个人能力、团队协作精神和领导力的全面锻炼。事业单位职能转型过程中涉及的管理与决策层面的调整，需要具备较高战略眼光和决策能力的管理人才。在这一过程中，事业单位不仅要关注员工的技术素养，还要注重其领导能力的培养和团队协作精神的锻造。这一层次的提升不仅能够保障事业单位在职能转型过程中的高效运营，也能够有效提高员工的凝聚力和归属感，为事业单位的长期发展奠定坚实的人才基础。

人才的引进与培养，不仅是为满足职能转型过程中短期内出现的人力资源需求，更是为事业单位提供长远发展的持续动力。在职能转型的推进过程中，事业单位要不断调整和优化人才战略，使人才资源与单位发展目标高度契合。通过内外部人才的协同作用，事业单位不仅能够解决当前职能转型过程中遇到的人才缺口问题，更能够在未来的发展中拥有充足的创新动力和持续的竞争力。

人才的培养与引进对于事业单位职能转型的推动作用是全方位、多层次的。在职能转型的过程中，事业单位通过引进高层次、专业化的外部人才，结合现有员工的持续培训与发展，能够实现人力资源的优化配置和功能转型的顺利推进。同时，人才的创新精神、跨学科的综合能力及团队合作精神，为事业单位在激烈的社会竞争中提供了持续的动力和保障，最终推动事业单位在新时代背景下实现自我更新与长远发展。

三、人力资源管理模式的创新与转型

在人力资源管理方面，事业单位正面临着深刻的变革与挑战，特别是在职能转型的背景下，传统的人力资源管理模式的局限性愈加显现。过去的管理方法往往偏重于制度化、标准化的操作流程，强调员工的岗位职责与任务分配，忽视了对人才发展、能力提升和员工满意度的综合考虑。这种模式虽然在一定时期内能够满足基本需求，但随着事业单位职能的变化，特别是在面对不断变化的社会需求与国家政策时，其固定化和单一化的管理方式已显得力不从心。因此，必须进行深刻的模式创新，使人力资源管理不仅适应新形势的要求，还能成为推动事业单位长远发展的内在动力。

在进行人力资源管理模式创新时，首先要在战略层面上进行深刻的思考与调整。传统的人力资源管理模式往往以单纯的行政管理为核心，缺乏战略性与前瞻性。随着事业单位职能的转型，尤其是在现代化治理模式和智慧化管理理念的引领下，组织的目标不再仅仅局限于完成常规的工作任务，还包括实现社会效益的最大化与公共服务质量的提升。因此，如何将人力资源管理与事业单位的发展战略相结合，成为一项至关重要的任务。创新的管理模式需要从战略高度来规划人力资源的配置，重点考虑如何通过人才引进、培养与激励机制的优化，促进事业单位在新的职能框架下顺利运行，并为社会提供更高效、更精准的服务。

在这一过程中，绩效管理作为一种新的管理方式，已经逐渐取代了传统人事管理中的“人头数”考核，成为推动事业单位职能转型和提高工作效率的核心工具。传统的管理模式中，绩效评估通常采用固定的考核指标，而这些指标往往难以全面反映员工的实际贡献和潜力。创新的绩效管理模式则侧重于动态评估，通过更加科学和系统的考核标准，结合事业单位的战略目标，全面衡量员工的工作表现、能力水平及对团队和组织目标的贡献。这不仅能促使员工在实际工作中不断提升自我价值，还能够为事业单位在战略层面上提供数据支持，帮助其更好地作出决策。同时，职业发展规划在新的人力资源管理模式中也占据着重要位置。在传统的管理模式中，员工的职业发展往往缺乏系统性，甚至存在一定程度的滞后性，这对员工的积极性与创造力产生了消极影响。随着社会发展与岗位需求的多元化，事业单位的人力资源管理必须打破传统思维，着力构建个性化的职业发展路径，并结合现代教育与培训机制，为员工提供持续的成长空间。通过深入分析员工的职业发展需求，帮助其制定合理的职业规划，不仅能够提高员工的职业认同感，还能激发员工的工作动力，进而促进事业单位组织目标的实现。

更为重要的是，随着事业单位职能的转型，员工的工作内容和工作方式也出现了多元化与灵活化的趋势，单一的传统工作模式已经不再满足新的需求。尤其是在信息化和全球化背景下，越来越多的事业单位开始采用灵活的工作机制，如远程办公、项目制管理等，这对人力资源管理模式提出了更高的要求。如何在这种背景下实现对员工的有效管理，保障其工作效率和职业发展的平衡，是人力资源管理创新的另一重要任务。为此，管理者必须采用更加灵活且具有适应性的管理手段，结合数字化技术，实现对员工工作的精确管理与监督。

同时，人才的引进与保留成为事业单位人力资源管理创新中的另一核心问题。在传统模式下，人才的流动性往往较低，缺乏有效的激励措施和职业发展空间，导致人才的吸引力和凝聚力减弱。随着经济发展和社会环境的变化，优秀的人才不再局限于传统的固定岗位，而是更倾向于选择那些能够提供广阔职业发展空间的单位。因此，事业单位必须创新人才引进与保留策略，重点关注如何打造良好的工作环境与企业文化，提升单位的吸引力和员工的忠诚度。通过不断优化薪酬福利、提供更多的培训与晋升机会，事业单位不仅能够吸引更多优秀的人才，还能够提升现有员工的综合素质，帮助其在新的职能框架下更好地发挥作用。

人力资源管理模式的创新还需考虑如何推动组织文化的变革。在事业单位的职能转型过程中，组织文化往往是最为根本的推动力量。传统的管理模式通常强调规章制度和上级命令，忽视了对组织文化的塑造与建设。创新的人力资源管理模式应该更加注重构建开放、包容、创新的组织文化，促进员工之间的协作与沟通，增强团队的凝聚力与战斗力。通过塑造良好的组织文化，事业单位能够提升员工的归属感与使命感，推动其在职能转型的过程中自觉承担起更大的责任，进而促进单位整体效能的提升。

事业单位在职能转型过程中，人力资源管理模式的创新与转型不是对传统管理方法的简单改良，而是从战略层面进行系统化的思考和调整。绩效管理、职业发展规划等创新手段的引入，将为事业单位提供更为灵活、高效的管理工具，帮助其实现可持续发展和社会效益最大化。同时，通过优化人才引进、培训、激励机制，推动组织文化的建设，事业单位将能够应对日益复杂的社会需求与政策变化，达成自身的长远目标。在这一过程中，创新的管理模式必将为事业单位注入源源不断的活力与竞争力。

第二节　事业单位职能优化的长效机制

一、明确职能优化的目标和方向

在当前社会经济的快速发展与变革的背景下，事业单位作为公共服务的重要提供者，必须根据新的社会需求、政策导向及自身发展情况，积极进行职能优化。职能优化不仅是组织结构的调整或职务的变化，它是实现事业单位可持续发展、提高服务质量和公共资源利用效率的核心手段。因此，明确职能优化的目标与方向对于事业单位来说至关重要，这一过程必须深入分析当前的服务需求和业务领域的变动情况。

在职能优化的过程中，事业单位首先要认识到，目标和方向的确立不仅是对现有工作模式的修正，更是对未来发展的战略布局。只有通过对当前事业单位业务领域、服务模式的深入分析，才能清晰地识别优化的切入点和重点。在分析过程中，事业单位需要充分考虑社会、经济和文化层面的多重因素，尤其要关注公共政策的变动与发展方向。例如，在现代公共管理和社会服务体系中，数字化转型、信息化管理及智能化技术的应用越来越成为提升效率和质量的重要手段。因此，事业单位在职能优化时，必须紧跟社会科技和管理理念的潮流，确立能够适应这些变化的职能调整目标。同时，明确职能优化的目标与方向还需要与社会发展的长远趋势相契合。社会各方面的需求发生变化，导致事业单位提供服务的对象、服务方式、服务深度及服务效益都有所不同。事业单位的职能调整必须具备战略眼光，既要满足当前社会需求，也要为未来的发展预留足够的空间。比如，在国家政策层面的要求越来越侧重于推动社会公平与共享经济的背景下，事业单位必须优化职能，增强其在公共服务领域的适应性与创新能力，从而在提升公共服务质量的同时，满足更加多元化的需求。

在具体的优化目标设置上，事业单位必须结合自身的资源优势与发展现状，明确职能调整的优先顺序。这一过程需要通过充分调研、科学分析及与各方利益相关者的有效沟通来完成。各类事业单位的服务对象、服务内容及服务方式差异较大，职能优化的目标也应具有个性化与针对性。例如，在教育、医疗、文化等领域，事业单位的职能优化重点可能侧重于提高服务质量、提升管理水平或推动技术创新；而在环保、公共安全等领域，可能更注重如何提高响应速度、增强应急处理能力或优化资源配置。职能优化的目标不局限于提高内部管理效能或提升工作质量，还应当注重社会效益和公众价值的最大化。因此，事业单位在进行职能优化时，不能单纯从自身角度出发，忽视外部环境和公众需求。通过强化社会责任感和公众导向，事业单位能够更好地引导职能调整向社会和民生的真正需求靠拢。例如，在健康服务领域，随着人们健康意识的提升，事业单位需要强化公共卫生职能，既要满足常规的健康管理服务，又要提升突发公共卫生事件的应对能力，确保社会稳定和人民群众的生命安全。

在明确职能优化的目标与方向的同时，事业单位还需要考虑如何使职能优化有序推进。在这一过程中，目标的设定不仅要具有理论深度，还要具备可操作性。过于理想化的目标往往难以落地，在确立优化目标时，务必兼顾现实性与前瞻性。这要求事业单位在确立目标时充分考虑自身的资源情况、人员配置、财力投入等实际因素，还要考虑到外部环境变化带来的不确定性。因此，职能优化的目标不仅需要基于现实的需求，还应当具有灵活调整的空间，以应对日后的变动与挑战。

事业单位职能优化的目标确立一旦完成，还需要系统的实施方案来保证这些目标的有效实现。在这一阶段，管理层的决策能力和执行力将直接影响优化效果。实施方案必须根据具体的服务领域量身定制，确保优化的措施符合职能调整的具体要求，并能够通过合理的过程管理与监督机制，推动每一项调整措施的落地。事业单位还需要借助外部评估和反馈机制，及时修正实施过程中出现的问题，以确保职能优化的目标在实际操作中得以全面达成。

从长远来看，职能优化不仅是当下的应对措施，更是事业单位适应新时代社会需求、提升管理效能、优化资源配置的战略性布局。通过不断深入的目标制定、方向规划与调整实施，事业单位能够在复杂多变的社会环境中稳步前行，始终保持在公共服务领域中的核心竞争力。职能优化的成功不仅依赖单一的组织调整，更需要全体员工的共同努力、外部合作伙伴的协同参与及广泛的社会支持。

事业单位的职能优化是一个长期而复杂的过程，明确目标和方向是其基础与起点。在这一过程中，事业单位不仅要考虑当前的业务需求，还要具备对未来趋势的深刻洞察，确保职能优化与社会发展同步，推动事业单位实现长期的可持续发展。

二、建立反馈机制与评估体系

在当代事业单位的管理与发展中，职能转型成为提升其综合服务能力和社会影响力的重要途径。职能优化并非一蹴而就，它需要一个系统化的推进过程，这个过程的核心之一便是建立有效的反馈机制与评估体系。反馈机制不仅为决策者提供了现实操作中的数据支持，还能在不同层级和职能之间形成互动，确保职能优化措施得到有效落实并适应外部环境的变化，而评估体系则是确保职能转型不断完善与更新的重要保障。

事业单位在推进职能转型的过程中，往往面临复杂的外部环境与内在要求。为了应对这些挑战，评估体系应当在动态变化中发挥作用。简单的、固定的评估模式难以适应事业单位不断变化的需求。因此，评估体系必须具有灵活性和适应性，能够根据事业单位不同的发展阶段与目标进行调整。在实施职能优化的过程中，持续的反馈机制是促进评估工作顺利进行的核心组成部分，能够及时发现存在的问题，针对问题提出解决方案，并根据实际效果进行调整。具体而言，反馈机制应当是一个多层次、多角度的机制。这种机制需要覆盖事业单位的各个层面，包括管理层、执行层及服务对象等各方。管理层通过定期收集来自执行层的反馈，能够了解政策在实际操作中的实施情况，评估措施的效果，并针对反馈中提到的问题进行及时调整，而执行层则依据实践中遇到的问题和挑战，向管理层反馈职能转型过程中实际遇到的困难，提供第一手的工作数据。这一过程不仅能够发现潜在问题，也能够为决策者提供数据支持，确保决策的科学性和针对性。服务对象的反馈也是不可忽视的重要环节，只有了解了社会需求的变化，事业单位才能确保其职能转型真正与社会需求对接，能够提供更高质量的公共服务。

评估体系的作用不仅是检测职能优化的效果，它还应当为事业单位的持续改进提供依据。一个有效的评估体系，首先要明确评估的指标与标准，这些标准应当从多个维度进行考量。除了关注事业单位的内部工作效率与人员素质外，还要把社会效益和服务质量作为重要的评估内容。社会效益的评估可以通过对事业单位服务对象的满意度调查、社会影响力分析及政策执行的实际效果进行量化评估来实现。这些评价不仅能够帮助事业单位了解自己的服务效果，还能够揭示当前职能转型中的优势与不足，为改进措施的提出和实施提供支持。

同时，服务质量的评估则需要从具体的服务流程入手，分析服务的覆盖面、响应速度、问题解决效率等多个方面。在实际操作中，服务质量的提高是一个系统工程，涉及服务提供者的能力、服务流程的优化、服务资源的合理配置等多个因素。因此，评估体系需要在服务质量的提升方面，建立起全面、细致的指标体系，对服务提供的每一环节进行监督和分析，确保每一项服务都能达到预期的标准，进而推动整个事业单位的服务能力不断提高。

在此基础上，反馈机制与评估体系的有效性还应体现在其对外部环境的适应性上。社会发展和技术进步对事业单位的职能转型提出了新的要求，原有的评估标准和反馈机制可能不再适应新的需求。评估体系要具备一定的前瞻性和可调整性，能够随着外部环境的变化进行调整和更新。这要求事业单位在实施职能转型时，密切关注社会发展趋势与技术创新，及时发现和解决新出现的问题。

反馈机制与评估体系的实施需要一个良好的信息支持系统。信息系统的建设不仅能够保证信息的及时传递，还能有效提高评估的科学性和准确性。通过建立健全的信息采集、处理和分析机制，事业单位能够实现对反馈信息的高效管理与利用，提高评估体系的效率和准确性。这种信息化支持系统的建设，能够确保反馈机制与评估体系在实际应用中的流畅性与高效性，为事业单位职能优化的持续推进提供数据保障。同时，反馈机制与评估体系的有效实施，还需要明确责任和权力的分配。不同层级的管理者和员工在反馈和评估中的角色定位要清晰，权责要明确。管理者要承担起对整体职能转型效果的监控责任，而执行层则应在日常工作中提供数据和反馈，确保信息的真实性和有效性。通过建立责任明确的反馈机制和评估体系，事业单位能够更好地管理职能转型过程中的各种变数，确保优化措施持续适应新形势、新需求。

事业单位的职能转型与优化是一个长期且复杂的过程，单靠一时的改革或措施难以取得长效。只有建立系统化的反馈机制与评估体系，持续监测和调整职能优化的效果，才能确保事业单位在新的社会需求和环境中稳步前行。无论是从工作流程的优化、人员效率的提升，还是从社会效益与服务质量的提高角度来看，反馈机制和评估体系的建立，都将为事业单位职能转型提供坚实的支撑。

三、组织文化与职能优化的协同作用

在事业单位的转型和改革过程中，职能优化的实现不仅依赖组织结构的重新设计，还需要在更深层次上对组织文化的塑造进行系统的思考和安排。组织文化与职能优化的关系是多维的、互动的，它们相互促进、相互制约，形成了影响事业单位长期发展和稳定运作的关键因素。职能优化往往不局限于业务流程和职责范围的调整，更涉及组织理念、员工行为和价值观念的深刻变化，而这些变化在很大程度上依赖组织文化的引导和支持。

组织文化是指在长期的社会实践中形成并为大多数成员遵守的行为规范、价值观念、工作方式等。它是一个组织的灵魂，决定着成员的行为模式、沟通方式和解决问题的思维方式。在事业单位，组织文化不仅要对外展示组织的形象和特色，还要在内在机制上为职能的优化提供有效支持。当事业单位面对职能优化的挑战时，组织文化的建设与更新起着不可或缺的作用。通过强化共同的价值认同，能够让每个员工明确自己的角色与职责，并激发其为事业单位目标努力的动力。

职能优化往往伴随着资源配置、业务流程和管理体制的调整。在这一过程中，组织文化的引导作用尤为突出。职能的转变往往涉及工作方式和流程的变动，员工对新工作模式的认同与适应成为影响优化效果的关键因素。如果组织文化能够强化团队协作和灵活应变的精神，员工在面对新任务时会表现出更高的接受度与主动性。通过文化的渗透与培育，员工能够在心理上认同新职能的设定，并在实际操作中克服来自流程变化的种种困难。

事业单位的职能优化需要转变管理理念和工作重心，而这一转变的顺利推进在很大程度上取决于组织文化的承载与传播。在传统的事业单位中，往往存在着较为陈旧的管理模式和固定的工作思维，这些文化上的惯性往往会成为职能优化的障碍。为了避免这种文化惯性的影响，事业单位需要通过强化组织文化的引导作用来调整员工的思维方式。比如，通过组织内的培训、会议和活动，帮助员工理解职能优化的深远意义，并在思想层面上实现理念的统一。通过文化引导，员工能够更清晰地认识到职能转型并非一种任务上的附加，而是提升整体工作效能、适应外部环境变化的必然选择。组织文化对职能优化的协同作用还体现在增强集体认同感和团队合作精神上。在职能优化的过程中，组织内部成员的沟通和合作尤为重要，特别是在复杂的项目和任务面前，团队的默契与合作能够极大地提高工作效率。组织文化能够通过建立明确的价值观、鼓励开放式沟通和团队协作等方式，促进员工之间的合作与支持，形成良好的工作氛围。例如，通过树立集体主义和互帮互助的文化价值观，员工会更加注重团队合作，积极分享信息，优化资源配置，进而提升职能优化的效果。

在长效机制的建立过程中，组织文化的建设是持久而深入的工作。职能优化的过程不仅是制度和流程的短期调整，它需要依托于一种持续的文化氛围。这种文化氛围不仅有助于提升员工的工作积极性和创新能力，还能够增强组织的凝聚力和向心力，确保职能优化在稳定的环境中不断深入。事业单位在进行职能优化时，往往会面临外部环境变化、内部管理压力等多重挑战。此时，一种积极向上的组织文化能够为事业单位提供源源不断的动力，帮助其在不确定的环境中保持稳定和持续发展。特别是在事业单位的职能优化过程中，文化的作用并不局限于表面上的行为规范，而是通过潜移默化的影响来促进员工心态的转变和行为方式的创新。通过文化的渗透，员工能够更加注重细节，善于发现问题并提出解决方案，而这一点正是职能优化得以顺利推进的核心。只有在组织文化的深厚土壤中，职能优化才能够在短期内达到预期效果，并在长期发展中保持活力。

事业单位职能优化的成功与否，不仅取决于制度设计和管理手段的有效性，更取决于组织文化的深度融合与推动。一个积极健康、富有包容性和创新精神的组织文化，能够在职能优化的过程中起到“润物细无声”的作用。通过文化的引导与激励，员工的工作热情与创新思维得以激发，团队协作和内部凝聚力不断增强，确保职能优化不是一时的结构调整，而是一次深刻的组织蜕变，推动事业单位在激烈的社会竞争中获得持续发展的动力与优势。

第三节　短期与长期战略目标的结合

一、平衡短期效益与长期目标

在事业单位职能转型的过程中，如何在短期效益与长期目标之间找到平衡，是一项关键的战略考量。事业单位的职能转型通常伴随着资源的重新配置和组织结构的优化，其战略目标不仅需要满足当前社会需求，还要为未来的发展奠定坚实的基础。短期目标强调的是迅速见效的操作性和具体成果，尤其是在资源有限和市场环境变化较快的情况下，事业单位往往需要迅速反应并产生可量化的效益。短期效益的实现能够有效提升事业单位的运行效率，增强其在社会中的作用和影响力，为未来的持续发展积累资本和经验。短期目标的执行可能面临功利化的压力，追求即刻的效果可能会影响长期战略的实施，导致战略方向不明确或片面化。

长期目标则更为宏观，往往涉及事业单位的社会功能、使命和责任，尤其是在面向未来时，事业单位的战略布局需要考虑到社会变革、科技进步、政策变化等因素，确立可持续的发展模式。这类目标不仅关乎事业单位的自身成长，更与其服务的公众、受益群体的长远利益紧密相连。长期目标具有较强的前瞻性和规划性，需要通过持续的努力和不断积累来实现。这一过程往往不容易产生短期的量化成果，却是推动事业单位持续改进和优化的根本所在。

在具体的战略实施过程中，事业单位必须深入理解短期与长期目标之间的关系，不能侧重一方而忽略另一方。过度追求短期成效，可能导致职能转型过程中某些必要的制度变革、文化建设和技术积累无法得到充分支持，影响长期战略目标的实现。相反，过分强调长期目标，忽视了短期的操作性和可实现性，则可能导致战略目标的空洞化，无法在实际操作中获得支撑，也缺乏足够的动力去推动整个转型进程。

因此，事业单位在规划其战略目标时，需要在不同的时间维度上进行全面的权衡和统筹。短期目标的实现，应该在确保不偏离长期发展方向的前提下，聚焦于快速见效和可操作性，从而为长期战略的实施提供必要的资源保障。短期成果的积累不仅是事业单位稳定发展的基础，也能够增强其内部凝聚力和外部信誉，从而获得更多的支持和资源。与此同时，长期目标的设定应当具有前瞻性和可持续性，并在短期目标的推动下逐步实现。在这一过程中，事业单位应当不断调整战略部署，确保短期与长期之间的相互促进，而非相互矛盾。事业单位在平衡短期和长期目标时，还应考虑到外部环境的变化和内部资源的约束。随着社会和科技的不断进步，事业单位的职能转型将面临越来越多的不确定性。因此，事业单位在战略目标的设定上，必须灵活应对外部变化，并对内外部环境的互动进行动态调整。这种灵活性不仅能够帮助事业单位在变化的环境中保持竞争力，也能确保长期目标的实现不受短期波动的过度影响。对于事业单位来说，短期效益和长期愿景不是孤立的，而是相互依存、相辅相成的。合理的战略规划，能够帮助事业单位在变革的过程中逐步实现自身的社会责任和历史使命。

事业单位在职能转型中面临的挑战，实际上反映了现代社会对公共服务的需求和对事业单位运行效率的期待。因此，事业单位不仅要在战略目标的设定上平衡短期与长期的关系，还需要通过科学的组织管理、合理的资源配置、有效的绩效评估等手段，确保各项战略目标的有效落实。在这个过程中，事业单位应当依托制度创新和管理优化，实现资源的最大化利用，推动其职能转型过程中的良性发展。

在事业单位职能转型战略的制定过程中，平衡短期效益与长期愿景的关系，既是一个重要的理论问题，也是一个现实的实践挑战。只有在深入理解和合理权衡两者关系的基础上，事业单位才能在日益复杂的社会环境中实现其职能转型的目标，并在未来的社会发展中发挥更大的作用。

二、灵活调整战略目标以应对变化

在当今快速变化的社会经济环境中，事业单位的职能转型面临着多重挑战。国家政策、市场需求、社会环境的变化对事业单位的运行产生了深远影响。因此，事业单位在推进职能转型的过程中，必须具备灵活应对外部变化的能力，确保自身的可持续发展与稳定运作。这一过程不仅需要领导者在战略目标设定阶段保持清晰的远见，还要求其在实施阶段具备适应性强、可调整的目标体系，以应对不可预见的变化。

事业单位的战略目标在设计之初，应当具备一定的前瞻性，以引导组织走向长远的目标。长期战略目标的设定并不意味着模式的僵化，尤其是在全球化、信息化进程不断加快的当下，外部环境的变化往往超出预期。为了应对这种不可预测的变化，事业单位在战略目标设定上需要具备灵活性。这种灵活性并非意味着抛弃长远规划，而是在保持宏观战略方向不变的前提下，能够根据实际情况进行适时的调整。这种调整不仅体现在目标的修正上，更体现在实施路径和资源配置的优化上。事业单位必须具备在执行过程中根据外部环境变化和内部运营状况调整战略机制的能力，确保能够应对快速变化的形势。

实施过程中，事业单位的战略目标常常面临外部和内部的多重压力。外部压力包括政策法规的调整、市场需求的波动及社会环境的变迁，内部压力则可能来自人力资源、资金安排及技术支持等方面的局限。要在这种复杂的环境下稳步推进职能转型，事业单位必须建立起灵活的战略评估机制。通过定期或不定期的战略评估，及时掌握战略目标实现的进度与实际效果，快速发现问题并采取有效措施，调整方向。尤其是在应对突发情况时，及时的反馈机制显得尤为重要。战略评估不仅是对已有目标的反馈，更是对未来路径的预判，能够有效引导事业单位在充满不确定性的环境中找到合适的应对策略。

灵活调整战略目标的核心在于能够以高度的敏感性捕捉环境变化的信号，并根据变化的内容作出有针对性的反应。事业单位在面对这些变化时，首先需要在战略层面进行快速决策，及时判断形势发展趋势，从而决定是加强现有策略的实施，还是重新调整目标方向。在这一过程中，领导层的判断力和决策能力至关重要。事业单位的领导者需要具备全局观和前瞻性思维，能够识别潜在的机会和风险，并将这些因素纳入战略调整的考虑范围。灵活调整战略目标也需要依赖科学的数据分析和信息反馈机制。事业单位在实施战略的过程中，必须注重信息的全面性和实时性，通过多渠道收集和分析数据，尤其是在市场需求、技术发展及社会反应等方面的数据，确保每一次战略调整都有坚实的数据支持。这些数据不仅来自内外部的运营指标，还应包括政策变化、社会动态等外部环境因素的影响，确保事业单位的战略调整能够精准而高效。

在战略调整的过程中，事业单位还必须考虑到资源的配置和利用。资源的有限性往往是事业单位面临的一个重要制约因素，根据调整后的战略目标合理配置人力、物力、财力等资源，是保障战略成功实施的关键。事业单位应当根据新的战略目标，动态优化资源配置，避免过度依赖单一资源，确保在变化的环境中保持灵活的应变能力。

实现战略目标灵活调整的过程中，还需要注重文化的塑造与管理。事业单位的文化不仅是凝聚员工向心力的基础，也是应对外部变化时的一个重要软实力。一个充满创新精神和高度协作意识的工作环境，能够帮助事业单位在面对挑战时更加从容不迫。员工的积极性和主动性，特别是在面对变革和不确定性时的适应能力，将直接影响战略调整的效果。因此，事业单位应注重营造一种文化氛围，使员工在面对战略调整时能够理解变革的必要性，并积极参与其中，为战略的顺利实施提供坚实的内生动力。

事业单位的战略目标调整不是一个单一的决策过程，而是一个动态的、持续的优化过程。这一过程需要事业单位在制定战略规划时具备前瞻性，在执行过程中保持灵活性，并通过定期评估与反馈机制，不断修正战略目标和实施路径。在外部环境变化的压力下，事业单位不仅要坚持长期目标的总体方向，更要具备应变能力和调整空间，确保在复杂多变的环境中稳步前行，推动职能转型的顺利实施，实现事业单位的长远发展。

三、分阶段实施战略目标的路径规划

事业单位在推进职能转型的过程中，实施战略目标的路径规划至关重要。这一规划不仅关系到转型的顺利推进，更是确保长期目标能够实现的关键。因此，制定清晰且切实可行的分阶段实施方案是事业单位实现职能转型的核心任务之一。在进行职能转型的战略布局时，必须认识到这一过程是渐进的、系统的，需要通过层层递进的措施来完成。每个阶段的成果都应当为下一阶段的目标达成提供支持，确保各项职能的有序转变，并最终实现组织效能的提升。

在战略目标的实施路径规划中，首先需要明确的是，短期内事业单位的任务主要集中在解决迫切需要优化的问题。这些问题通常体现在人力资源配置、内部管理流程、资源配置效率等方面。在这个阶段，事业单位往往面临着人员结构不合理、管理流程不畅通、岗位职责模糊等问题。因此，战略目标的落实需要集中力量进行人力资源的优化调整。通过科学的岗位分析与人员配置调整，解决现有人力资源分配不均的问题，以提高工作效率和员工满意度。与此同时，事业单位还应关注内部流程的优化。通过流程重塑、信息化建设等手段，精简冗余环节、优化服务流程，不仅提升工作效率，还能增强职能部门间的协同作用，减少部门之间的沟通壁垒。

短期内的调整和优化为事业单位职能转型的长期发展奠定了基础。当基础性问题得到有效解决之后，战略的实施可以逐步向更为系统的目标过渡。在长期阶段，事业单位需要着眼于核心职能的提升和创新，这不仅关乎职能转型的根本目标，也直接影响事业单位的未来发展方向。核心职能的提升要求事业单位深入分析现有职能配置的合理性，结合行业发展趋势和社会需求的变化，重新审视与优化其主要服务职能。通过不断创新服务模式、引入先进的管理理念和技术手段，事业单位能够在保持其社会责任和公共职能的基础上，更好地服务于社会发展与民生需求。

长期战略目标的实现还需要事业单位在制度建设、人才培养、技术创新等方面不断发力。具体来说，首先要加强制度建设，确保所有操作和流程都有章可循，所有制度能够有效适应职能转型的需求。尤其是在管理模式、绩效考核、激励机制等方面，事业单位需要建立起与时俱进的制度框架，以保证职能转型的顺利推进。与此同时，人才是事业单位职能转型中的重要支撑。事业单位需要注重对专业人才的引进和培养，特别是在新兴领域或核心职能的拓展过程中，高素质的专业人才和创新型人才尤为重要。通过建立完善的培训机制和人才激励机制，促进员工的专业能力提升和职业发展，推动事业单位职能的全面提升。技术创新和信息化建设是现代事业单位职能转型不可或缺的因素。在长期战略规划中，事业单位应当注重借助科技力量，推动职能转型的深化。无论是大数据、人工智能，还是云计算和物联网等技术，都能够在提升事业单位服务效能、优化资源配置、提高决策水平等方面发挥重要作用。事业单位通过信息化手段，能够提高内部管理的透明度，促进数据驱动的决策制定，同时提升对外服务的精准度和时效性。

需要强调的是，事业单位职能转型的战略目标的实现并非一蹴而就。在每个阶段，事业单位都需要根据实际情况进行灵活调整。比如，在短期阶段，虽然问题的解决迫在眉睫，但在实施过程中仍需关注细节，确保每项措施落实到位，而在长期阶段，事业单位需要更加注重战略实施的可持续性和创新性，避免简单的职能调整，更多地着眼于职能的内涵提升和模式创新。各阶段之间的顺利衔接也至关重要。事业单位在短期内的工作成果应该为长期战略目标的实施提供坚实的支撑，确保战略目标的逐步实现，而不是孤立地执行任务。

事业单位的职能转型不仅是对现有职能的调整，更是对发展模式的转型。战略目标的实施路径应当与社会发展趋势、公共需求变化及事业单位的实际情况相结合，通过分阶段、系统性地实施，逐步推动事业单位职能转型的深入发展。在每个阶段，事业单位不仅要解决当前面临的具体问题，还要为未来的挑战做好准备，通过全员的努力和制度的保障，实现转型目标的顺利达成。通过这样的分阶段实施规划，事业单位能够确保职能转型的深度与广度，同时增强其在社会服务中的核心竞争力，最终为社会发展与人民福祉作出更大贡献。

第四节　职能转型对社会效益的影响

一、职能转型提升公共服务质量与效率

在现代社会，随着公共管理体制的不断发展，事业单位的职能转型成为提高公共服务质量与效率的关键因素。事业单位作为提供公共服务的重要组织，其职能转型不仅是内外部环境变化的必然产物，也是提升公共服务能力的必要手段。事业单位的职能转型通过优化其组织架构、流程重塑和服务模式，能够在响应社会需求、提高服务效能、提升社会满意度等方面发挥积极作用。

职能转型的首要目标是实现组织功能的再定义，以适应日益变化的社会需求。在过去，事业单位的职能多以行政性、管理性工作为主，更注重执行上级指令和履行政府职能。随着社会经济的多元化和公众需求的日益多样化，传统的职能结构和服务模式已经难以满足公众对高效、优质服务的期望。因此，事业单位的职能转型首先要求其打破传统职能范畴的界限，重新审视和界定自身的职责与使命。职能转型的实现，意味着事业单位不仅要从内部管理流程、组织结构上进行调整，还需要从理念、服务模式和技术手段上进行全面创新，更好地契合时代发展和社会需求。

职能转型过程中，事业单位需要对其服务流程进行全面的优化与重构。优化流程的核心是提升工作效率与服务响应速度，使每一项公共服务都能够在最短的时间内满足最广泛的社会需求。原有的工作流程往往烦琐且效率低下，很多服务环节存在重复和冗余，而通过合理的职能划分与流程设计，可以大大减少资源浪费和工作中的冗余步骤。随着信息技术的进步，数字化、智能化的服务模式逐渐成为提升效率的主要工具。事业单位在进行职能转型时，可以借助大数据、云计算等现代科技手段，对公共服务流程进行数字化改造，从而实现精准的需求分析与资源配置。这种基于技术的服务流程创新，不仅提高了服务效率，还增强了服务的精准性和个性化，能够更好地满足公众的多元化需求。职能转型还需要推动

事业单位在服务内容上的深度整合与拓展。传统的事业单位往往各自为政，各自承担不同领域的公共服务职责，缺乏跨部门、跨领域的合作与资源共享，而现代公共管理要求事业单位具备更强的整合能力，以实现公共服务的跨部门协同和资源的最大化利用。在职能转型的过程中，事业单位要重新审视其服务的边界，探索跨部门协同的模式，推动相关服务功能的整合，提升服务的整体效能。通过资源共享与协同合作，事业单位能够打破部门之间的信息壁垒，消除服务环节的断点，形成无缝连接的服务链条，这不仅提高了公共服务的响应速度，也能够有效减少因信息传递不畅而产生的服务延误和失误。

职能转型对于事业单位公共服务质量的提升，还体现在服务对象的个性化与定制化上。随着社会个性化需求的增多，公众对公共服务的期待逐渐从简单的普遍性服务转向更有针对性和专业化的需求。事业单位在职能转型中，要深刻认识服务对象的多样性与复杂性，依据不同群体的需求特点进行精准服务。这种个性化服务的提供，不仅体现在服务内容的差异化上，还体现在服务方式的灵活性与多样性上。通过对服务对象需求的精准分析与数据挖掘，事业单位可以针对不同人群提供差异化、定制化的服务，极大提升服务的精准度和效能。与此同时，这也能够提升事业单位的服务质量和社会信誉度，增强公众对事业单位的认同感与满意度。

职能转型的另一大重要方面是加强服务效能的评价与监控。在传统的服务模式中，事业单位的服务效果往往依赖主观的评估和反馈，缺乏科学的评价标准与反馈机制，而在职能转型过程中，事业单位需要建立健全的服务质量监控系统，通过量化的指标和实时的数据分析，对服务质量进行全面评估和监督。职能转型不仅是服务内容的改进，更是服务质量管控模式的创新。在此过程中，事业单位要结合现代化的信息技术，建立起智能化、自动化的服务质量监控平台，通过数据分析和实时反馈，实现服务质量的动态监测与调整。这一过程中，评价体系的完善与实施，能够为事业单位及时发现服务中的问题并进行改进提供强有力的支持，确保公共服务的持续改进与质量提升。

事业单位的职能转型不仅是一种行政或组织结构的调整，更是一场深刻的服务理念、服务模式的变革。它通过提升公共服务的效能与质量，不仅能够推动社会满意度的提升，还能够促进事业单位社会效益的增强。社会的多元化发展和公众服务需求的不断变化，要求事业单位必须通过职能转型来不断优化服务体系和提升服务水平。这一过程中，职能转型不仅是对传统服务模式的反思与突破，更是对新时代下公共服务能力与效率的持续追求。因此，事业单位在职能转型过程中，只有不断创新服务理念、优化服务流程、强化服务整合，才能在激烈的社会竞争中立足并发展壮大，为公众提供更加精准、高效和优质的服务。

二、促进社会公平与资源合理分配

在事业单位职能转型的过程中，如何更有效地促进社会公平与资源合理分配，是一个关键的战略目标。职能转型不仅是组织结构和功能的调整，更是资源配置和社会责任的再设计。事业单位通过优化内部职能架构，削减冗余的职能和资源，能够更加高效地服务于社会各个层面，尤其是弱势群体，这一过程的关键在于资源的合理调配与社会公平的持续推进。

事业单位作为公共服务提供者，其主要职能应当是服务于社会的公共需求，特别是在保障社会公平与促进资源合理分配方面具有不可替代的作用。在传统的职能架构中，事业单位往往面临着职能重复、资源配置不均、效率低下等问题，这些问题的存在不仅增加了行政管理的成本，也影响了公共资源的使用效率。职能转型的一个重要目标，就是通过合理的职能整合和优化配置，使资源更加集中和高效地满足社会的整体需求，特别是对于社会中的弱势群体，这种资源配置的优化尤为重要。

在职能转型过程中，事业单位应当注重打破原有的行政壁垒，强化跨部门、跨领域的协同合作，使资源可以在不同部门之间流动和共享。通过精简不必要的职能，减少冗余的管理层级，事业单位能够释放更多的资源，专注于服务社会最需要的领域。以弱势群体为重点的服务配置，意味着事业单位需要更多地关注贫困地区、老龄群体、残疾人及其他社会边缘群体的需求。这些群体往往因为多种原因难以平等享受公共资源，职能转型的过程中，事业单位应当特别关注如何通过精准的资源配置，保障这些群体的基本生存和发展权益，从而在更大范围内推动社会公平。

资源的合理分配不仅体现在物质资源的配置上，还包括知识、信息、公共服务等无形资源的流动和再分配。通过职能转型，事业单位可以更有效地整合和运用社会的各类资源，尤其是在信息技术日新月异的今天，利用大数据、人工智能等技术手段，事业单位可以精准识别和评估社会弱势群体的需求，确保政策和资源更为精确地向需要帮助的人群倾斜。这种资源分配的精细化，不仅能够减少不必要的资源浪费，还能够避免社会资源过度集中在某些特定群体手中，有效促进社会公平。职能转型过程中，事业单位的社会责任也发生了显著变化。传统上，许多事业单位更侧重于满足社会基本的服务需求，忽视了在服务过程中促进社会公平和资源合理分配的责任，而随着社会的进步和公众需求的变化，事业单位不仅要提供基本公共服务，还需要在实现社会公平和推动资源公平分配方面承担起更多的责任。在这一过程中，事业单位通过加强与社会组织、民间团体、公益机构等的合作，能够有效弥补政府在资源分配中的不足，拓宽公共服务的覆盖面，确保社会的弱势群体能够分享更多的社会资源，从而推动社会的整体和谐与进步。

在推动社会公平和资源合理分配的过程中，事业单位还应当注重实现内部治理结构的透明化和规范化。通过改革内部管理体制，优化人员配置，推动制度创新，事业单位可以提高工作效率和服务质量，同时也能增强社会公众的信任感。当事业单位能够做到内部运作的透明、公正时，公众对其资源分配的公平性和合理性将更加认同，形成良性循环。这种信任和认同的建立，进一步促进了社会公平的实现，使社会资源能够在全社会范围内更加公正和均衡分配。

从更长远的角度来看，事业单位职能转型对社会公平和资源合理分配的推动效果，不仅体现在短期的资源再分配上，还能够通过结构性调整、制度创新及长期的政策保障，进一步推动社会的整体进步。通过职能转型，事业单位能够帮助政府更好地识别和解决社会不平等问题，为经济的健康发展和社会稳定提供更加坚实的保障。这一过程需要各方共同努力，不仅包括事业单位自身的改革，也需要政府、社会组织和公众的共同参与和支持。

在这一过程中，事业单位的职能转型不仅是一种形式上的改革，更是一种深刻的社会责任担当。事业单位通过职能转型能够有效促进社会公平与资源的合理分配，不仅提升了公共资源的使用效率，更使社会各个层面的群体，尤其是那些处于社会弱势位置的群体，能够更公平地享有公共资源，保证社会的和谐与稳定，推动社会的共同繁荣。

三、增强事业单位的社会责任感与形象

事业单位的职能转型，不仅是其内部机制的调整和优化，更是对社会责任感的增强和体现。随着社会的发展，公众对事业单位的期望日益提高，尤其是在社会责任的履行方面。事业单位作为公共服务的主要提供者，其行为和发展直接影响社会的福祉与进步。因此，事业单位在进行职能转型的同时，必须高度关注其社会责任感的培养与增强，通过更有效的资源配置和服务优化，不断提升社会形象，增强公众的信任感。

事业单位的社会责任感主要体现在对社会问题的关注和解决方案的不断改进上。随着社会需求的多样化与复杂化，传统的公共服务模式已经无法满足日益增长的社会需求，事业单位必须主动进行职能转型，将社会责任作为其核心目标之一。在这一过程中，事业单位需要通过持续关注社会发展的趋势，敏锐捕捉民众的需求与关切，及时作出反应，并从公共利益出发，探索新的解决方案。例如，在教育、医疗、社会保障等领域，事业单位通过对服务质量和效率的提升，不仅为社会提供了更多的福利，还有效促进了社会的和谐与稳定。事业单位通过这种责任感的强化，不仅能提高其社会信誉，还能在竞争中脱颖而出，获得更多的公众支持与认同。

事业单位职能转型的过程中，社会责任感的增强与事业单位形象的提升密切相关。现代社会中，公众越来越重视事业单位的社会责任，尤其是在公益性、公共性较强的事业单位中，社会责任感不仅是评价其绩效的一个重要维度，也逐渐成为其长期发展的核心竞争力之一。事业单位通过对社会问题的关注和持续的责任担当，逐步建立起良好的社会形象，赢得公众的尊敬与信任。这种形象的塑造并非单纯的外在表现，而是通过事业单位实际行动来体现，尤其是在应对社会挑战和解决实际问题方面。例如，事业单位通过制定和实施切实可行的公益项目，参与社会发展和改革的过程，为民众带来了实实在在的利益，进而树立了其作为

社会责任承担者的形象。这种形象的建立不仅提升了事业单位的社会影响力，也促使其在未来发展过程中获得更多的资源支持和公众的参与。事业单位通过增强社会责任感，不仅能够提升其自身的形象，还能在更大程度上推动社会整体的进步与繁荣。事业单位的社会责任感和社会影响力是相辅相成的，事业单位通过履行社会责任，可以为社会的可持续发展作出积极贡献。尤其是在当前全球化与信息化迅速发展的背景下，社会面临的挑战愈加复杂，事业单位在推动社会公正、改善社会福利和促进环境保护等方面，承担着不可或缺的责任。事业单位通过在这些领域的积极行动，不仅能助力社会的整体繁荣，还能通过其职能转型进一步激发社会各界的责任感与创新力，推动社会在更加健康与公平的轨道上持续前行。事业单位的成功转型，实际上为社会提供了一种可借鉴的发展模式，展示了社会责任如何与经济效益、社会效益实现双赢。

事业单位增强社会责任感的过程，还促进了与各类社会群体的深度互动与合作。在职能转型的过程中，事业单位不仅要优化内部管理和服务质量，还需要积极与社会各界展开沟通与合作，携手解决社会问题。尤其是在一些社会问题较为突出的领域，事业单位需要通过与政府、企业、非政府组织等进行多个层面的合作，建立起更加完善的社会服务网络，共同推动社会的进步与发展。这种合作不仅能提高事业单位的运营效率，还能通过社会各方的共同努力，形成更强大的社会支持力量，推动社会整体责任感的提升。通过这种互动与协同，事业单位不仅能够增强自身的社会责任感，还能进一步提升其社会形象，赢得更多的公众认可。

事业单位的职能转型不仅是其内部结构的调整，更是其社会责任感的不断提升与强化。在这一过程中，事业单位不仅能通过优化服务和关注社会问题提升自身形象，还能在推动社会进步和繁荣的过程中发挥重要作用。事业单位通过履行社会责任，为社会提供了更多的公共福利，同时也为自身的可持续发展打下了坚实的基础。这种转型和责任担当的双重作用，必将为事业单位的未来发展带来深远影响，也为社会的整体进步作出重要贡献。

参考文献

[1] 白春礼．科研事业单位人力资源管理研究与实践探索 [M]．北京：科学出版社，2011．

[2] 滕晓丽．事业单位人力资源管理工作手册 [M]．北京：中国劳动社会保障出版社，2010．

[3] 周鸿．事业单位人力资源管理工作手册 [M]．北京：中国劳动社会保障出版社，2018．

[4] 人事人才政策法规专辑编委会．事业单位工作人员申诉规定 事业单位工作人员申诉案件办理规则 [M]．北京：中国人事出版社，2022．

[5] 俞贺楠，蔡泽昊．转型期我国事业单位社会保障研究述评：以制度内外的公平效率关系为线索 [J]．中国人力资源开发，2015（9）：74-79．

[6] 李云鹏．浅谈事业单位转制后人力资源管理面临的问题及对策 [J]．人口与经济，2002（S1）：37-39．

[7] 杨奎芹．事业单位人力资源管理的现状及有效策略 [J]．人力资源，2020（12）：35-36．

[8] 罗清芬．加强事业单位人力资源管理的若干策略 [J]．人力资源，2020（6）：114．

[9] 王铭新．多方助力，促事业单位人力资源管理转型 [J]．人力资源，2023（8）：8-9．

[10] 齐书花．我国事业单位人事制度改革评价与建议 [J]．中国人力资源开发，2016（21）：85-89．

[11] 李建权．事业单位人力资源管理问题及对策思考 [J]．人力资源，2019（12）：

25-26.
[12] 李鹤．事业单位人力资源管理的数字化转型策略 [J]．人力资源，2024（12）：14-15.
[13] 黄芸婷．创新人力资源管理，推动事业单位新发展 [J]．人力资源，2022（18）：34-35.
[14] 李叶萍．事业单位人力资源培训与开发中的常见问题及对策 [J]．人力资源管理，2018（9）：179.
[15] 许卫红．事业单位人力资源管理现状与改进策略 [J]．人力资源，2019（22）：48.
[16] 王彩虹．优化配置，推动事业单位人力资源发展 [J]．人力资源，2023（6）：146-147.
[17] 周巍．多举措促进事业单位人事管理优化 [J]．人力资源，2023（4）：27-29.
[18] 姜娜．扫清公益类事业单位转型的体制障碍 [J]．人力资源，2022（4）：146-147.
[19] 熊伟．试论事业单位人力资源管理的特点、问题及对策 [J]．人民论坛，2012（11）：58-59.
[20] 李瑛．浅议科研事业单位人力资源开发的激励约束机制 [J]．软科学，2009，23（2）：90-92.